JAVIER MARÍAS
Alle unsere frühen Schlachten
Fußball-Stücke

Herausgegeben und mit einem Vorwort versehen
von Paul Ingendaay

Aus dem Spanischen übersetzt von
Alexander Dobler und Catalina Rojas Hauser

KLETT-COTTA

INHALT

Inhalt

Das meiste, was er über die Moral des Menschen wisse, verdanke er dem Fußball: Der das gesagt hat, spielte 1930 in Algier als Torwart bei Racing Universitaire. Seine Name: Albert Camus. Als er zehn Jahre später endgültig nach Paris zieht, muß er sich einen neuen Verein suchen, nicht als Torwart, denn seine Tuberkulose hat sportliche Ambitionen jedweder Art zunichte gemacht, sondern als Fan. Er wählt Racing Paris, weil die Mannschaft dasselbe Trikot trägt – himmelblau mit weißen Streifen – wie sein damaliger Verein in Algerien.

Daß die Liebe zum Fußball eine besondere, mit nichts zu vergleichende Prägung bedeutet und daß man mit Fußball über Sieg und Niederlage, Größe und Gemeinheit anders nachdenkt als ohne Fußball, offenbaren die vorliegenden Fußball-Stücke von Javier Marías. Sie alle handeln vom Lieblingssport des Madrilenen und einige sehr direkt von Real Madrid, dem legendären Verein aus dem nördlichen Stadtteil Chamartín, wo Marías in den fünfziger Jahren aufwuchs.

Leser, dieses Buch warnt Dich schon beim Eintritt: Wenn Du nur den Weg ins Stadion findest, um die Drei Tenöre zu hören; und wenn Du glaubst, es lohne sich nicht, vom Fußball für ein paar Stunden pro Woche glücklich oder unglücklich gemacht zu werden, dann ist dies nicht Dein Buch.

Wir anderen aber hängen daran und sehen im Fußball eine Kunst, die ihre dauerhaften Werke vor allem für unsere Erinnerung schafft. Deshalb lassen wir uns so gern davon erzählen, stimmen zu oder begehren auf. Was nun den Autor betrifft, dürften manche überrascht sein, daß sich ein hintergründiger Erzähler wie Marías mit so offensichtlicher Hingabe einem profanen Massenspektakel widmet. Doch erstens empfindet der wahre Anhänger seinen Sport nie als profan, und daß es ihm Millionen gleichtun, stört ihn keineswegs. Zweitens folgt Marías einer spanischen Tradition, wenn er sich als Kolumnist an ein großes Publikum von Sportbegeisterten wendet. Und drittens haben diese dreißig Fußball-Stücke mit Marías' Romanen mehr gemein, als der aktuelle Anlaß, aus dem sie zwischen 1992 und 1999 geschrieben wurden, vermuten läßt.

Denn wenn er von der ewigen Rivalität der beiden Großen des spanischen Fußballs, Real Madrid und FC Barcelona, erzählt, von ihren Anhängern, die sich *merengues* und *culés* nennen, den Spielern, Trainern und Präsidenten, von Triumphen ebenso wie von Patzern und Peinlichkeiten, dann erzählt Marías ein Kapitel aus dem Buch der menschlichen Leidenschaften. Er fragt sich etwa, warum wir als Bürger nicht genauso rasch und instinktsicher urteilen wie als Zuschauer eines Fußballspiels; wieso dieselbe Geste, dieselbe Träne auf dem Platz sublim oder lächerlich wirken kann; und warum Vereinspräsidenten sich für unersetzbar halten, obwohl niemand ein Trikot mit ihrem Namen kauft. Er analysiert den Torjubel, den Nationalismus und die linke Vergangenheit seines Lieblingsvereins. Er votiert gegen Glatzen und Spitzbärte, nicht aber gegen Toupets und Ziegenbärte. Kurz, Marías begreift seinen Sport als eine nimmer endende Parade von Helden, Schurken und Mitläufern, die als Schauspiel genauso ernstgenommen sein will wie das Kino.

Beim Sichten und Zusammenstellen dieser Texte fiel mir auf, daß Javier Marías in ihnen mehr von seinem Leben preisgibt als in allen seinen Romanen. Er verzichtet auf Maskenspiele und die leicht schattenhaften Erzähler seiner Fiktionen (die mit dem Autor nie deckungsgleich sind), weil sein Schreiben über Fußball stets mit seiner Kindheit verknüpft ist. Und zwar so engmaschig, daß ihm nur die Wahl blieb, aufrichtig zu sein oder ganz davon zu schweigen. Freilich können wir uns die Aufrichtigkeit gegenüber den eigenen Affekten nicht immer leisten. Fußball-Erinnerungen fallen da möglicherweise in eine eigene Kategorie: Sie bedürfen keiner Deutung, und über die Jahre reichern sie sich an, statt zu verblassen. Manche Menschen können sie besuchen wie alte Freunde, die ewig leben.

So erfahren wir von der Marías-Familie im Hintergrund dieser Fußball-Episoden: dem Vater, der unter Franco knapp dem Tod entging, dem älteren Bruder Fernando, der mit Gaze, Holzstäbchen und Kronkorken ein Tischfußballspiel bastelte; und von den dreimonatigen Sommern in der Provinz Soria, die eine lebenslange Sympathie für eine kleine Stadt und ihre damals drittklassige Mannschaft namens Numancia begründete. (Von einem Stadionbesuch dort, im Winter, erzählt Peter Handke in seinem *Versuch über die Jukebox*.)

Menschen, die regelmäßig über Fußball schreiben, erkennen zwar die Vergänglichkeit ihrer Texte, wenn nämlich die nächste Saison die gerade beendete auslöscht und vergessen macht. Zugleich wissen sie, daß ihre Beschreibungen mit einer Gier gelesen werden, die weder der Politik- noch der Kulturteil einer Zeitung für sich reklamieren können. Lange bevor ich Johan Cruyff zum erstenmal im Fernsehen sah, wußte ich, daß seine Eleganz im Umgang mit dem Ball einzigartig war, weil ich als Kind viele Male die Berichte über die drei Europapokalsiege von Ajax Amsterdam gelesen hatte. Die Geschichten, die der Fußball erzählt, sind sowohl tagesaktuell wie auch das genaue Gegenteil. Denn sie speichern Lebensmomente, die vieles andere aus unserer Vergangenheit, das abgesunken ist wie ein sonntäglicher Tantenbesuch, weit überstrahlen.

Dieses Buch, *Alle unsere frühen Schlachten*, hat einen Heiligen: Er heißt Di Stéfano. Auch mit Puskas wissen deutsche Leser etwas anzufangen, vermutlich sogar mit Raúl und Roberto Carlos. Und selbstredend mit einem Tor, das umfiel wie ein Zinnsoldat, als Borussia Dortmund im Bernabeu-Stadion zu Gast war. Das Fernsehen und die Champions League, die Europa- und Weltmeisterschaften haben die fußballbegeisterten Bewohner dieses Kontinents einander nähergerückt: Deshalb weiß jeder, der bis hierhin gelesen hat, daß Gascoigne ein Mann mit unvergeßlich tragischen Zügen war.

Dennoch schien es ratsam, für diese Buchausgabe mit freundlicher Genehmigung des Autors einige binnenspanische Spezialitäten zu tilgen (es bleiben genug), desgleichen manchen Verweis auf Namen und Umstände, die dem deutschen Leser kaum geläufig sein dürften. Die Abbildungen entstammen der Kollektion von Sammelbildchen (spanisch *cromos*), die der Autor als Kind angelegt hat und nach der er nicht lange zu suchen brauchte.

Paul Ingendaay   Madrid, Dezember 1999

Der Schriftsteller Guillermo Cabrera Infante verabscheut Fußball. Die fehlende kubanische Tradition in diesem Sport könnte das rechtfertigen, doch die Tatsache, daß er seit über fünfundzwanzig Jahren in England lebt, dem Mutterland des Fußballs, läßt diese Erklärung nicht zu. Ich erinnere mich noch an seine zornigen Verwünschungen nach der Tragödie im Heysel-Stadion. Ausnahmsweise stimmte er einmal nicht mit Nabokov überein (der im Exil in Cambridge Torwart gewesen war und sich bis an sein Lebensende gern Fußballspiele im Fernsehen ansah) und gab nicht den Liverpool-Fans die Schuld, sondern der Sportart an sich: »Dieses unselige Spiel stiftet zur Gewalt an, denn es ist in sich gewalttätig: Es wird mit den Füßen gespielt, und kaum eine Bewegung verlangt soviel Derbheit wie ein Fußtritt.« Merkwürdig jedoch, daß sich der Fußball in den Vereinigten Staaten nicht durchsetzen konnte, weil er dort als zu langsam und zu weich gilt, eine Sache für junge Damen. Und tatsächlich, während meines Aufenthaltes am Wellesley College, einer Universität, die ausschließlich Mädchen besuchen, erfuhr ich zu meiner Verblüffung, daß der Lieblingssport der Studentinnen kein anderer war als die Kunst des Di Stéfano. Das mag freilich am Einfluß Nabokovs gelegen haben, der in den vierziger Jahren dort lehrte und die Tradition möglicherweise begründet hat.

Mit Gewißheit kann ich allerdings sagen, daß kein anderer

Sport einen so sehr in Angst versetzen kann, sofern man ein ängstlicher Mensch ist. In meinem Fall muß ich sogar gestehen, daß der Fußball zu den wenigen Dingen gehört, die heute dieselben Reaktionen – exakt dieselben – in mir hervorrufen wie damals, als ich ein zehnjähriger Lausejunge war: Woche für Woche eine wahre Rückgewinnung der Kindheit. Letzten Monat erschrak ich regelrecht: Da mein Fernseher keinen Decoder besaß, war ich gezwungen, den letzten Spieltag der spanischen Liga im Radio zu verfolgen, wie man es in der frühen Nachkriegszeit und auch danach noch tat. Vielleicht versetzte mich dieser Umstand mit übertriebener Heftigkeit in die wildesten Jahre meiner Kindheit zurück. Nach Spielende jedenfalls, als mein Freund und Verleger, ein begeisterter culé, mich anrief, im Hintergrund die Barça-Hymne, und wieder die Witze reißen wollte, die wir uns sonst, lachend und ohne jede Bösartigkeit, zweihundertmal im Monat erzählen können, da sagte ich ihm im vollen Ernst, daß ich nie mehr bei ihm würde veröffentlichen können. Und nicht nur das: Ich stellte sogar in Frage, ob ich je wieder Barcelona betreten könnte (eine Stadt, die ich liebe und in der ich gelebt habe). Der Hooligan, der in jedem von uns Fans schlummert, war zum Vorschein gekommen.

Glücklicherweise war ein paar Stunden später – aber auch nicht früher – alles vorbei, denn der Fußball steht unter einem Fluch, der zugleich die Rettung aller tief betrübten Spieler, Trainer und Fans angesichts der Niederlage darstellt. Es handelt sich nämlich um eine Tätigkeit, bei der ein Sieg nicht ausreicht und nur der wiederholte Sieg zählt, in jeder Saison, bei jedem Turnier, in jedem Spiel. Ein Schriftsteller, ein Architekt, ein Musiker kann sich eine Pause gönnen, nachdem er einen großen Roman, ein wundervolles Gebäude oder eine unvergeßliche Aufnahme vollendet hat. Er kann lange Zeit nichts oder weniger Bedeutendes tun. Unter ersteren, unter denen ich mich am besten auskenne, sind einige, die quasi per Verfügung und bis an ihr Lebensende einen hohen Ruf wegen eines einzigen bemerkenswerten, vor fünfzig Jahren verfaßten Werkes genießen. Im Gegensatz dazu gibt es im Fußball keinen Platz für Pausen oder Divertimenti, es bringt nicht viel, eine außergewöhnliche Siegesgeschichte vorweisen zu können oder im vergangenen Jahr einen Titel gewonnen zu haben. Niemals ist alles erreicht, immer wird verlangt (und auch die Spieler selbst verlangen es von sich), auch beim nächsten Mal wieder zu gewinnen, als würde man, entsprechend der Anzeigetafel zu Beginn jeder Partie, immer wieder bei Null beginnen. Im Gegensatz zu anderen Tätigkeiten im Leben sammelt man im Sport (doch besonders beim Fußball) rein gar nichts an, man gewinnt nichts hinzu, trotz der mit Pokalen vollgestopften Säle und den immer wichtigeren Statistiken. Gestern der Beste gewesen zu sein ist heute schon bedeutungslos, von morgen zu schweigen. Die einmal dagewesene Freude kann den gegenwärtigen Angstzustand nicht verhindern; beim Fußball spielt die Erinnerung an Vergangenes keine Rolle, ebensowenig wie die Befriedigung über das bereits Erreichte, und auch die vor zwei Wochen empfundene Dankbarkeit hat das Publikum schnell wieder vergessen. Aber ebensowenig sind Schmerz und Entrüstung von Dauer, die von einem Tag auf den anderen durch Euphorie und Anbetung ersetzt werden können. Vielleicht ist das ein Grund dafür, daß der Fußball zur Gewalt auf-

hetzt, wie Cabrera sagte: aber nicht wegen der Fußtritte, sondern wegen der Angst. Dagegen sollte man anerkennen, daß er
auch einen unschätzbaren Wert besitzt, der in anderen Lebens-
bereichen gewöhnlich nicht vorkommt: Er lädt zum Vergessen
ein, also niemals zur Vergeltung – das lernt man erst als
Erwachsener.

1992

Der Beweis dafür, daß die einzig wahre Mannschaft aus Madrid Real Madrid ist und die übrigen alles Betrüger, ist dadurch erbracht, daß einige Barcelona-Fans diese Mannschaft so sehr hassen, daß sie lieber verlieren, wenn auch Madrid verliert, als zu gewinnen, wenn auch ihr persönlicher Todfeind gewinnt. Deshalb, vermute ich, leben sie seit vielen Jahren mit der Niederlage, ihrem eigentlichen Ziel, das ihnen gestattet, sich ihrer Lieblingsbeschäftigung zu widmen: der Klage. Sowohl sie als auch die Anhänger anderer Mannschaften rechtfertigen sich mit dem Gedanken, daß sie in Real Madrid auch Franco und die Regierungen im allgemeinen hassen. Aber so, wie die Stadt viel schwerer zu durchschauen ist, als es den Anschein hat, und die Meinung, die sich Fremde von ihr bilden, immer touristisch und grob bleibt (allen voran der Kanarier Pérez Galdós), genau so weiß jeder Madrider, daß der Verein aus Chamartín der am wenigsten rechtsgerichtete unserer Vereine ist, gestern wie heute. Real Madrid war monarchistisch, aber auf zivilisierte, höfliche Weise. Heute steht dem Verein ein Mann vor, der unter dem Verdacht stand, dem KGB anzugehören (ich erinnere mich noch an eine Titelseite, die ihm gewidmet war: »Der Mann aus Moskau«), was wohl kein anderer Klubpräsident für sich in Anspruch nehmen kann, und sei es nur, weil es so abenteuerlich klingt. An Aktivisten hat es unter unseren Spielern nicht gemangelt, und in dieser Saison läßt der Trainer Valdano dankenswerterweise eine offen linke Gesinnung erkennen. Wenn im Stadion oder sonstwo Extremisten mit verfassungsfeindlichen Transparenten herumstehen, so nehme ich an, daß daran nicht Real Madrid schuld ist, genausowenig, wie Quevedo daran schuld ist, daß Francisco Umbral ein Bewunderer seines Werkes ist: Man ist für die peinliche Liebe, die man weckt, nicht verantwortlich.

Das alles soll nur erklären, warum ein sechsjähriger, in Chamberí geborener Junge, dessen Vater schwer verwundet aus dem Krieg (und der Gefangenschaft) zurückgekehrt war und der außerdem eine liberale Schule besuchte – die einzige für Jungen und Mädchen, die es damals außer den fremdsprachigen Gymnasien gab –, sich trotz eines schlechten und falschen Rufs auf die Seite von Real Madrid schlug. Er war kein Einzelfall: Auf jener Schule voller Kinder von Kriegs- und Politikversagern (dort fanden sich Nichten von Lorca und Enkel von Ortega y Gasset ebenso wie Nachkömmlinge von anonymen Verfolgten) waren die meisten Kinder rasch für Real Madrid, wohingegen der einzige Pfarrer, der Religionslehrer, regelmäßig montags die gesamte Klasse bestrafte, wenn Atlético Madrid verloren hatte. Der Hauptverantwortliche für den Enthusiasmus von uns Kindern hieß zweifellos Di Stéfano. Aber da war noch etwas: Real Madrid war weder falsch noch ängstlich, sondern besaß echtes dramatisches Talent. Das mag banal klingen, aber in der Stadt der Kindheit gab es schon genug betrügerische und furchteinflößende Dinge, und die Welt war eher schäbig als von dramatischer Qualität. Real Madrid stellte, wie das Samstagskino, eine Oase dar. Deshalb können wir Anhänger jede Niederlage verkraften, nicht aber eine Mannschaft, die austauschbar ist, mechanisch spielt oder Angst zeigt, denn ab einem gewissen Punkt im Leben erträgt man keine Täuschungen mehr. Im eigenen Leben und dem viel längeren von Real Madrid.

1994

PUSKAS
R. Madrid

Di Stefano
R. Madrid

18

Wer haßt, hat nichts so nötig wie das Bewußtsein, daß sein Haß von dem Menschen, den er haßt, erwidert wird: mit derselben Intensität und Obsession, mit genausoviel Schaum vor dem Mund. Aber das kommt nur selten vor, so wie sich fast niemals zwei Menschen zur vollen gegenseitigen Zufriedenheit lieben. So versuchen die Barcelonesen wie die *culés* seit Jahrhunderten (erstere) oder Jahrzehnten (letztere) mit allen Mitteln, gleichberechtigt von den Madrilenen und den *merengues*, neuerdings von den *vikingos*, ihrerseits gehaßt zu werden. Da haben sie noch einen langen Weg vor sich. Nicht, daß man sie im allgemeinen gut leiden könnte, das ist unbestritten, aber den berühmten Witz des argentinischen Schriftstellers Borges fand ich in seiner Boshaftigkeit immer schon etwas überzogen. »Die armen Katalanen«, sagte er mit seinem unverwechselbaren Akzent, »in Spanien kann sie niemand leiden, und in Frankreich hält man sie für Hochstapler.«

Sowohl die Barcelonesen als auch die *culés* lassen für gewöhnlich außer acht, daß der Haß der Madrilenen und *merengues* sich auf sehr viele verteilt und überall zugleich ist, und daß er fast immer auf etwas reagiert. Einerseits sind wir sehr damit beschäftigt, uns den uralten Groll der anderen fünfzehn autonomen Regionen (wie sie heute lächerlicherweise heißen) vom Leib zu halten, die nach Kräften auf die Hauptstadt schimpfen und sie schwächen, gleichzeitig aber nicht abwarten können, daß ihre Produkte – seien es Politiker, Handelsgüter, Kunstwerke, Toreros oder Fußballklubs – hier freundliche Aufnahme finden und möglichst gefeiert werden. Andererseits konzentriert, wie allgemein bekannt, die eine Hälfte der Madrilenen ihren Haß und ihre Abneigung auf die andere Hälfte (was den Fußball angeht, würde ein echter *vikingo* immer lieber Barça als Atlético Madrid gewinnen sehen, und ein wahrer *colchonero* würde ebenfalls eher Barça den Sieg gönnen als Real Madrid): Madrid ist eine unsolidarische und in zwei Lager geteilte Stadt, in der man nur unter Schwierigkeiten einen Tag verbringen kann, ohne in eine Auseinandersetzung zu geraten; besonders gut geht das mit Taxifahrern, nicht nur wegen ihrer allgemein bekannten politischen Meinungen und wegen ihrer meist schlechten Umgangsformen, sondern weil sie stets gut sichtbar einen Wimpel der falschen Mannschaft anzubringen pflegen, natürlich nur, um den Fahrgast zu provozieren. Und fehlt es an Taxifahrern, tun es auch die Busfahrer, die von allen Verbrecherbanden des Landes die zahlenmäßig stärkste und am besten organisierte sind.

So wäre ein Spektakel, wie es die Massen der Barça-Fans in dieser Saison veranstalten, in der sich das berühmte 5:0 von Chamartín, bei dem Cruyff spielte, zum zwanzigsten Mal jährt, in Madrid unvorstellbar. Gedenkplaketten mit vier Streifen, Mützen mit fünf Zipfeln wegen der fünf Tore, Textvarianten von *Els segadors* (»Amb la sang dels merengons / hi farem tinta vermella« – Aus dem Blut der *merengues* machen wir rote Tinte), das katalanische Fernsehen, das pausenlos Zusammenfassungen des ruhmreichen Spiels zeigt oder sogar die gesamte Partie, deren Vermarktung auf Video hohe Gewinne einfährt. Ich weiß noch, daß zehn Jahre nach jener sagenhaften Heldentat viele Barcelonesen, sobald sie von meiner Madrider Herkunft erfuhren, erst einmal ihre gespreizte rechte Hand schüttelten, als winkten sie mir. Erst nach einer Weile wurde mir klar, daß es sich nicht etwa um eine freundschaftliche Geste handelte, sondern um eine mit der Hand ausgeführte und bildhafte Erinnerung an jenes unermeßliche 5:0. (Ich nehme an, daß ich die Geste dieses Jahr auf meiner Reise nach Barcelona wieder sehen werde, vielleicht mit der linken Hand, als Hinweis darauf, daß der Torregen diesmal auf dem eigenen Spielfeld stattfand.) Es gibt wirklich immer noch Unterschiede: Wenn wir Madrid-Fans ein Video aufbewahren, dann das vom 7:3 gegen Eintracht Frankfurt im Endspiel um den fünften Europapokal. Noch haben wir Feinde auf dem ganzen Kontinent.

Wie man sich erinnern wird, pfiff Schiedsrichter Guruceta einmal gegen Barça einen ungerechtfertigten Elfmeter, und seitdem galt sein Name im Camp Nou als Schimpfwort. Wenn ich nicht irre, verbrachte besagter Guruceta, der sehr von sich eingenommen war, den Rest seines Lebens in Schmach und Schande, ohne jemals wieder ein Spiel der blauroten Mannschaft gepfiffen zu haben. In der vorletzten Saison, der ersten Meisterschaft, die Real Madrid freundlicherweise durch das Verdienst einiger nach Teneriffa verstoßener Ex-Madrid-Spieler an Barça abtrat, erklärte der Schiedsrichter in jenem letzten Spiel beim Stand von 2:1 in der zweiten Halbzeit ein völlig rechtmäßiges Tor von Milla für ungültig, das ein fast unaufholbares 3:1 bedeutet hätte (Madrid besiegelte schließlich in einem unerklärlichen Anfall von Barcelonismus mit einem 2:3 sein eigenes Schicksal). Jene Umstände wurden damals kaum kommentiert, aber nicht nur das, wir Madrid-Fans erinnern uns nicht einmal mehr an den Namen jenes Schiedsrichters. Außerdem hat Real Madrid ehemalige Barça-Spieler niemals für Aussätzige gehalten: Abgesehen davon, daß Schuster und Milla vor gar nicht allzu langer Zeit unter Vertrag genommen wurden, zauderte man schon in der Vergangenheit nicht lange, zwei Rechtsaußen zu verpflichten, die inzwischen sehr gute Dienste geleistet haben, Tejada und Goywaerts, während ich nicht einen einzigen Spieler aus Madrid nennen könnte, der ohne Zwischenstation in den Farben von Barça hätte spielen dürfen. Heute hätte ich liebend gerne Guardiola oder Laudrup in meiner Mannschaft. Ich gebe die Hoffnung nicht auf.

Nun scheint das vielgerühmte Barça der vergangenen Spielzeiten, das eine Meisterschaft gewonnen und zwei weitere nur unter Zittern errungen hat und das in einer Europapokal-Verlängerung eine italienische Mannschaft besiegte, die ungefähr Sporting Gijón entspricht, in eine Krise geraten zu sein. Und das ist der Anlaß, mich mit einer boshaft guten Laune, die ich ungern verderben möchte, um diesen Madrider-Madridfan-Artikel zu bitten, so als wäre ich das Gegenstück von Manuel Vázquez Montalbán. Man fragte mich nicht etwa nach dem 0:1 gegen Lleida, nach dem 0:1 gegen Beti Sevilla oder nach dem 2:3 gegen Athletic Bilbao, sondern nach jenem 6:3 für Saragossa, das in Madrid seit langer Zeit zum erstenmal wieder Stoff für Fußballwitze geliefert hat (die Vorwahl von Barcelona ist jetzt nicht mehr die 93, usw.). Ich nehme an, es geht dabei nicht nur um die unmittelbar aufeinanderfolgenden Niederlagen, sondern um die starke visuelle Wirkung einer Anzeigetafel. Ich weiß ehrlich gesagt nicht, ob ich mich freuen soll. Der

FC Barcelona ist immer schon eine ausgezeichnete und melancholische Mannschaft mit zarten und zu Depressionen neigenden Spielern gewesen: Denken Sie nur an den wunderbaren Marcial und an den sensiblen Martí Filosía, an den Selbstmörder Kocsis auf den Sammelbildern meiner Kindheit, an den donjuanesken und leidenden Ramallets und an so viele andere große Fußballspieler mit einem Tick Unsicherheit und Angst und Künstlertum auf ihren Fußballschuhen. In letzter Zeit war jener unbeständige und tief betrübte FC Barcelona verschwunden, und die Selbstgefälligkeit paßt nicht so recht zu den blauroten Farben. Wenn das mit der Krise so weitergeht, könnte ich bald nicht umhin, eine gewisse Rückkehr zu den gequälten Seelen zu feiern, zur institutionalisierten Opferrolle, zu den ehrlichen Tränen von Casaus, zu dem vorgetäuschten Geschluchze von Núñez und zum hamletischen Gebaren einer Fangemeinde, die wie keine andere die Rolle des Wankelmütigen und Besiegten zu spielen versteht. Dennoch täte es mir leid, wenn Barça seinen mühsamen Vormarsch auf der Suche nach dem Haß der *merengues* unterbräche. Der Haß des anderen ist, wie wir gesehen haben, keineswegs leicht zu erringen: Im Fußball braucht man dafür viele Jahre voller verdienter und unverdienter Siege, eine Menge überhebliche und deutlich überlegene Spieler, manche Beleidigung und viele enttäuschte Rivalen. Der größte Haß entsteht durch fortdauernde, überragende Leistung, nur dann ist er so erhaben wie der Haß Salieris auf Mozart. Zugegebenermaßen entfernt sich Real Madrid mit Floro – gütiger Himmel, was für ein trauriger, langweiliger Mann, und wie schlecht er redet – sehr rasch von solch überragenden Leistungen, vielleicht um das Seine zu tun, den so oft erduldeten Haß zu mindern. In einer Saison, die so sehr von übertriebenen Gefühlen geprägt ist, haben wir Madrid-Fans nichts, auf das wir stolz sein könnten. Aber gewiß muß der FC Barcelona noch mehrere Jahrfünfte lang mit seinem Fußball begeistern, bis wir Madrid-Fans uns, wenn es dazu kommt, aufrichtig über seine Niederlagen freuen können. Vorläufig bringt uns ein 3:6 wie das gegen Saragossa in unserer Melancholie nur denen ein wenig näher, die sie wirklich nachempfinden können.

1994

Unserem Herz so weiß ist in den vergangenen Jahren Schlimmeres widerfahren, und es hat trotzdem überlebt. Ans Siegen gewöhnt, haben wir festgestellt, daß das Verlieren uns nicht umbringt, was eigentlich verwunderlich ist. Nie hätten wir gedacht, daß wir im Endspiel zwei Meisterschaften hintereinander an unsere Gegner abtreten würden. Und dazu noch auf Teneriffa. Ebensowenig, daß wir wieder ein 0:5 würden einstecken müssen. Und das ohne Cruyff auf dem Spielfeld (er saß auf der Bank). Oder daß sich herausstellen würde, daß der zum neuen Di Stéfano Auserkorene ein unsicherer Abstauber war, ein wild herumstolpernder, verletzungsanfälliger Roadrunner. Viel schlimmer noch aber war es, einem Trainer zu lauschen, der nach Niederlagen in Meisterschafts- und Klassifikationsspielen mit träger Miene verkündete: »Wir brauchen uns deshalb keine Sorgen zu machen«, während unser Herz immer schwärzer wurde und ein Teil davon starb; einem Mann, dem nicht nur jedes Gespür für den großen Auftritt fehlte, sondern auch etwas, das für den Fußball von viel größerer Bedeutung ist: der Sinn für das Dramatische. Die erste Lektion für jeden Spieler und jeden Trainer sollte sein: »Wenn dieses Spiel keine dramatische Qualität mehr besitzt, bleibt nichts von ihm übrig.« Wenn Niederlage oder Sieg in einem Spiel nicht als entscheidende Angelegenheit erlebt werden, mit Drehbuch oder Geschichte, mit einer Auflösung oder einer abschließenden

Katastrophe, die Auswirkungen auf Vergangenheit, Gegenwart und Zukunft hat, auf die Würde und die Ehrbarkeit und natürlich auf das Gesicht, mit dem man am nächsten Tag aufwacht, dann können wir ebensogut auf Distanz gehen und uns ganz behaglich und gelassen die Mannschaften der anderen im Fernsehen ansehen (sehr bald würden wir uns von einem so langweiligen Programm wieder verabschieden). Der Fußball ist der Zirkus unserer Tage, aber zugleich auch das Theater. Er muß Gefühle, Furcht, Zittern, tiefe Betrübnis oder Euphorie hervorrufen. Nichts davon haben wir Madrid-Fans in der letzten Zeit verspürt, noch nicht einmal tiefe Betrübnis, denn den Verantwortlichen zufolge gab es ja »nichts, weshalb wir uns hätten Sorgen machen müssen«. Was für ein Unsinn.

Jetzt kommt eine winzige Demütigung hinzu: Bei den Abstimmungen der Experten über die letzte Meisterschaft taucht Real Madrid auf der Bestenliste überhaupt nicht auf. Und der FC Barcelona, dem die entscheidenden Begegnungen noch bevorstehen, die ihn endgültig zum Vizemeister in allem machen, heimst die vielleicht sogar verdienten Lorbeeren ein. Wenn Alfonso sich nicht verletzt hätte ... Aber egal, suchen wir nicht nach Ausreden: Können Zamorano oder Dubovsky heute etwa noch mit Romario und Laudrup mithalten, oder gar mit Latorre und Mijatovic? Der eigenwillige Hierro mit dem listigen Guardiola oder dem allesverschlingenden Guerrero? Der kein bißchen göttliche Morales mit dem titanischen Sergi? Und was soll man von den Trainern halten, wie läßt sich die schlaue Trägheit von Floro mit dem aufrichtigen Ungestüm von Arsenio vergleichen? Der Fußball ist etwas Althergebrachtes, wie alles, worüber man Betrachtungen anstellt. Aber neben

Risikobereitschaft und all den bereits genannten Dingen erfordert diese althergebrachte Tätigkeit Naivität, oder, was auf dasselbe hinausläuft, den Glauben daran, daß nichts unmöglich ist, die Katastrophe ebensowenig wie die Heldentat, der Umsturz, die unendliche Überraschung, und den Glauben daran, daß Katastrophen Katastrophen *sind* und Heldentaten Heldentaten, und daß die Welt bei jedem Spiel untergeht, auch wenn wir wissen, daß nach sieben Tagen bereits ein neues kommt. Real Madrid hat diese Naivität schon lange verloren und verdient deshalb keine besondere Erwähnung.

Aber unsere Herzen wären nicht so weiß, wenn wir nicht auch ein wenig von uns überzeugt wären. (»In Madrid versteht man es wie nirgends sonst, die Hände selbstgefällig in die Hosentaschen zu stecken«, pflegte der *colchonero* García Hortelano zu sagen.) Und wer sind überhaupt jene Experten, deren Votum von solcher Bedeutung ist? Es handelt sich um ein Grüppchen, an dem am Saisonende alle bis auf vier oder fünf scheitern, alle bis auf den Meister, den Pokalsieger, irgendeinen unerwarteten UEFA-Qualifizierten und die zwei, die Glück haben, auch wenn alles gegen sie spricht. Jetzt mal ehrlich: Was ist das eigentlich für ein Haufen Versager, daß er uns etwas erzählen möchte? (Ich brauche wohl kaum zu erwähnen, daß ich, sobald der Artikel fertig ist, die Hände selbstgefällig in die Hosentaschen stecken werde.)

1994

(Vorbemerkung: Dieser Artikel ist vielleicht antipatriotisch. Aber ich schreibe ihn trotzdem.)

Glauben Sie, daß man dieses Jahr mit der spanischen Nationalelf zur Weltmeisterschaft fahren kann? Gut, mancher wird begeistert sein, der sich sonst nie Fußball ansieht und nichts davon versteht, aber gerne wie verrückt »España!« schreit, so daß es klingt wie irgendwo zwischen Espada (Schwert) und Guadaña (Sense). Solche Leute waren schon immer furchteinflößend und werden es auch in Zukunft sein. Was aber die echten Fußballfans angeht, so sehe ich Schwierigkeiten auf uns zukommen. Ich habe schon gehört, wie sich einige das Unmögliche wünschen: daß die Nationalmannschaft gewinnt und der Trainer Clemente verliert. Bis zum Beginn der Weltmeisterschaft wartet auf sie noch die schwierige Aufgabe, mit sich ins reine zu kommen; ich glaube kaum, daß ihnen das gelingen wird, sie werden alle fünfzehn Spielminuten die Seite wechseln. Aber man muß Clemente gewisse Verdienste zugestehen: Wenn die politische Funktion der Fußballnationalmannschaft darin besteht, das Land für einige Wochen ein wenig zu vereinen (erinnern Sie sich nur an das Stadion Camp Nou, das im olympischen Endspiel vor zwei Jahren geschlossen den Schlachtruf anstimmte; ein paar von den Zuschauern dürften wegen dieses Anfalls von Schizophrenie noch heute in

Behandlung sein), ist es nur zu bewundern, daß es dem Nationaltrainer in so kurzer Zeit gelungen ist, eine beachtliche Abneigung und Antipathie zu wecken. Die Mannschaft ist voll von Basken und Blauroten, was aber noch lange nicht bedeutet, daß die Bewohner von Baskonien und Blaurotien sich mit einem roten Hemd so viele tausend Kilometer entfernt identifizieren. In Galicien ist man der Mannschaft nicht wohlgesonnen, weil ihr nur ein Spieler von Deportivo La Coruña angehört, und vor kurzem fragte mich jemand in Saragossa grollend, was ich davon halte, daß keiner vom Pokalsieger und diesjährigen Ligadritten mit von der Partie sei. Von Real Madrid ganz zu schweigen: Der Nationaltrainer ist erklärter Real-Madrid-Gegner und hat die Männer um Butragueño schmählich beleidigt, und obwohl die Anhänger von Atlético Madrid ihn ein wenig für einen der Ihren halten (wegen ihrer gemeinsamen Vergangenheit und ihrer Ähnlichkeit: beide sind ungehobelt), glaube ich nicht, daß es ihnen genügt, nur von Caminero repräsentiert zu werden. Sagen Sie nicht, das sei kein Verdienst.

Vom Fußballerischen ganz zu schweigen. Obwohl viele spanische Spieler endlich ein hervorragendes technisches Niveau erreicht haben (was nie ihre besondere Stärke war), werden Guardiola und Guerrero nur widerwillig aufgestellt und um sie herum kampflustige, grobe und vor sich hin stolpernde, kräftige, aber hirnlose, stürmische, aber wenig geistreiche Kameraden gruppiert, eine Art zwischen Boden und Luftraum agierende Sturmtruppe, und das, obwohl Schlachten gerade zwischen Boden und Luftraum nicht nur nicht zu gewinnen sind, sondern gar nicht erst stattfinden. Clemente hat schon damit geprahlt, bei einem Freundschaftsspiel »die nordische

Lawine« gestoppt zu haben … gegen Finnland! (Ich fordere jeden auf, mir den Namen eines einzigen finnischen Spielers der Vergangenheit, der Gegenwart oder der Zukunft zu nennen.) Was die Ästhetik betrifft, die für die Unterstützung von seiten der Frauen und homosexuellen Männer so wichtig ist und von der italienischen Nationalelf schon immer ausgenutzt wurde, so bilden gleichfalls nur Guerrero und Guardiola eine Ausnahme, die Idole fünfzehnjähriger Mädchen: Das Durchschnittsaussehen der übrigen ist schlimm, achten Sie nur auf die Frisur von Camarasa (der in Blaurotien übrigens gehaßt wird). Und zu guter Letzt haben wir auch noch das proletenhafteste Trikot seit Jahrzehnten zu ertragen, obwohl die davor kaum zu überbieten waren.

Was tun, wenn man kein Patriot ist? Wie kann man für eine solche Nationalmannschaft sein? Bisher schlug ich mich, sobald Spanien ausgeschieden war (und auch vorher schon), mit Vorliebe auf die Seite Italiens, was mir aber unmöglich erscheint, seit es das Land Berlusconis ist. Frankreich mit seinem Spielwitz und England, immerhin Erfinder des Spiels, kommen nicht in Frage, genausowenig wie das sympathische und betrunkene Schottland. Die Begeisterung für Kolumbien ist in meinem Fall drastisch gesunken, seit es von einem Angestellten des unsäglichen Herrn Gil y Gil trainiert wird. Um für Brasilien oder Argentinien zu sein, bin ich zu sehr Europäer, und zum fünfzigsten Jahrestag der Landung der Alliierten in der Normandie kann ich mich auch für Deutschland nicht erwärmen. Die Schweiz ist so neutral, daß man einfach nicht Partei für sie ergreifen kann. Dann sind da noch Rumänien, Bulgarien, Norwegen und Belgien. Ich möchte niemandem zu nahe treten, aber es fällt nicht leicht, sich für sie zu begeistern. Und was Rußland angeht, so war es schon schlimm genug, daß es die Mannschaft Jelzins war, um so schlimmer, daß es nun zudem die des mit seinem unversehrten Backenbart zurückgekehrten Solschenizyn ist. Bleiben nur die unbezähmbaren Löwen aus Kamerun, die gleich mehrere sympathische Züge auf sich vereinen: Sie spielen gut, sie sind fröhlich, sie sind arm, und sie bauen eine eigene Tradition auf. Ich muß mich also berichtigen: Clemente hat sich *enorme* Verdienste erworben. Führen Sie sich nur einmal vor Augen, was er in meinem Fall geschafft hat (und ich bin mit Sicherheit nicht der einzige), ausgerechnet er, der so fremdenfeindlich daherkommt: Ein Bewohner Chamberís – des Zentrums der Unentschlossenheit – wird sich die Spiele in grünem Hemd, roter Hose, mit einem Leopardenfell auf den Schultern und mit schwarz geschminktem Gesicht ansehen müssen. Das wird sehenswert.

1994

Warum haben sie das getan? Die Zeitung bittet mich, über die ästhetischen und stilistischen Aspekte der Weltmeisterschaft zu schreiben, und unsere Spieler laufen gleich beim ersten Match mit einem Spitzbart ein. Wenn das so weitergeht, werde ich nicht nur für Kamerun sein, sondern auch *gegen* Spanien, der Antipatriot par excellence. Wenn es sich um eine jener verspielten Haartrachten handelt, die Glück bringen sollen, so hätten sie sich auch etwas anderes aussuchen können: Oberlippenbart, langes Haar, Zöpfe wie Baggio oder der Schweizer Sutter oder der amerikanische Torhüter Meola (der aussieht, als wäre er einem Tarantino-Film entsprungen). Sogar Koteletten à la Neskens hätten mehr hergemacht. Nicht nur, daß ich meine Meinung dazu seit Jahren immer wieder von der Erfahrung bestätigt gefunden habe, nämlich: auf Männer mit Spitzbart ist kein Verlaß, genausowenig wie auf Sandalenträger; wenn sie aber gleich beides tragen, muß man sie schonungslos vertreiben: »Fort mit dir, du mönchische Gestalt«, sollte man ihnen etwa zurufen. Aber das ist noch nicht alles, denn seit jeher tragen Verräter und Bösewichte Spitzbärte. Man verschone mich mit den Musketieren: Die trugen ein Fliegenbärtchen unter der Unterlippe. Richelieu war der mit dem Spitzbart; auch mit dem Ziegenbart darf man ihn nicht verwechseln, der ist ein bißchen verrückt und sympathisch, wie der eines nordamerikanischen Verteidigers, der aussieht wie General Custer zu

Pferde. Schlimmer als der Spitzbart ist nur der Backen- und Unterkinnbart, und ich hoffe, unsere Spieler damit nicht auf dumme Gedanken zu bringen. Das affektierte und listige Bärtchen aber, das Salinas, Caminero, Beguiristain, Goikoetxea, Abelardo, Guardiola, Lopetegui und ich weiß nicht wer noch alles spazierengetragen haben, hat Spanien mit Gewißheit zur meistgehaßten Elf der Meisterschaft gemacht, von der die ganze Welt hofft, daß sie verliert und ausscheidet. Die Fußballspieler scheinen nicht zu merken, daß sie heutzutage Bildschirmfutter sind; daß auf den Bildschirmen die Regeln des Kinos gelten; daß im Kino das Aussehen viel wichtiger ist als im wirklichen Leben, denn dort informiert jedes Detail den Zuschauer über die Figuren; und daß ein Mann mit Spitzbart ein Schurke ist oder, wenn's hoch kommt, ein Psychiater. Einen solchen Gesichtsschmuck tragen Falschspieler, Verräter, Kardinäle, die blutrünstigsten Piraten, affektierte Diplomaten und Vincent Price in seinen übelsten Rollen. Auch in anderen Bereichen sieht es nicht besser aus: In der Malerei finden sie sich bei den Greueltaten zu Zeiten Phillips II. und auf abscheulichen Gemälden von El Greco, so daß sie bestenfalls einen finsteren Eindruck hinterlassen. In den letzten Jahrzehnten sind das harmloseste, was man mit Spitzbart gesehen hat, jene Sänger Peter, Paul & Mary, vor allem Mary. Und was Glück angeht – ich würde nach dem Spiel gegen Korea schnellstens zum Barbier eilen.

Entsetzt über dieses Schauspiel sah ich zur Trainerbank hinüber, in der Hoffnung, Clemente habe etwas von dem eleganten Pat Riley oder wenigstens von Valdano und Capello gelernt. Zugegeben, der Stilwechsel war vollkommen, allerdings leider durchaus nicht zum Guten: Der Nationaltrainer mochte angenommen haben, in den Vereinigten Staaten seien Verstöße gegen die Kleiderordnung grundsätzlich erlaubt. Warum nur hat er die Hose in einer unmöglichen Länge ausgesucht (weder Shorts noch Bermudas noch Knickerbocker), eine, wie ich sie bisher nur in den groteskesten Szenen von Bob Hope und Jerry Lewis gesehen habe. Clemente muß doch gewußt haben, daß er auf dem Bildschirm erscheint. Schade nur, daß er sich im Genre geirrt hat, denn er ist überhaupt nicht komisch.

1994

Über den Charakter und die Persönlichkeit eines Spielers (und im weiteren Sinn auch über seine Mannschaft) verrät am meisten, wie er sich über ein Tor freut und jubelt. Es ist schon wahr, daß bei einer Weltmeisterschaft fast alles zum Faxenmachen einlädt und daß man daran zweifelt, ob der Torschütze sich immer so verhält – wie ein Spaßvogel oder ein Fanatiker –, oder ob die besondere Bedeutung des Augenblicks ihm das schauspielerische Talent verliehen hat. Und man sollte die Freude über ein brasilianisches, deutsches oder italienisches Tor nicht genauso beurteilen wie die Freude über ein Tor von Nigeria oder Korea, für die allein die Teilnahme an der Weltmeisterschaft einem Wunder gleichkommt. (Es wäre nicht besonders angebracht gewesen, wenn der Ex-Minister Oliart oder der Killer Matanzo vor Freude auf der Straße herumgesprungen wären, weil sie im Lotto gewonnen hatten; bei fast jedem anderen Sterblichen schon).

Der eleganteste und zurückhaltendste Spieler, was das Toreschießen angeht, war witzigerweise ein *colchonero*, Gárate, der nicht jubelte. Er machte kein Siegeszeichen, boxte nicht in die Luft oder rannte wie ein Besessener über das Spielfeld, er reckte nicht einmal die Arme, was das mindeste Zeichen eines Torschützen beim Netzkontakt des Balles ist, das weiß jeder, der einmal in seinem Leben Fußball gespielt hat. Gárate demütigte den Gegner nicht mit seiner Freude, er schien ihn vielmehr für den verursachten Ärger und den Verlust der Prämie um Verzeihung zu bitten. Unter den Spielern von heute ist wahrscheinlich Butragueño in seiner Freude am wenigsten offensiv: Er beschränkt sich darauf, einen kindlichen Hüpfer zu tun, um dann unter seinen schweren Mitspielern begraben zu werden. Aber es gibt auch Freudentaumel, die wegen ihrer Hysterie in Erinnerung bleiben: Míchel etwa nach seinem dritten Tor gegen Korea vor vier Jahren, als wir alle erfuhren (wann endlich werden Mikrofone und Dolmetscher eingeführt?), daß er »das habe ich mir verdient!« rief, was ziemlich originell war angesichts der Tatsache, daß das Tor ohne jeden Zweifel ausschließlich sein Verdienst war. Oder auch das aussagekräftigste Bild jener Weltmeisterschaft von Tardelli, der beim Endspiel in Madrid wie verrückt mit geballten Fäusten über den Platz rannte. Bei der jetzigen waren Gefühlsausbrüche bisher eher rar: keine Anzeichen von übermäßig schlechtem Geschmack, wie etwa am Gitter hinaufzuklettern und wie ein Affe daran zu rütteln, oder pathetisch das Flugzeug zu mimen, wozu sich Romario gelegentlich hinreißen läßt, oder peinliche Torero-Gesten wie die von Claudio bei Deportivo La Coruña. Doch wir befinden uns erst in der ersten Runde, in der die Tore noch nicht lebensnotwendig sind. Jedenfalls haben wir schon zwei schön absurde Bilder gesehen: erstens den Nigerianer Yekini, der mit den Armen durch das eben von seinem Schuß zerrissene Netz Chöre dirigiert, als wäre er ein Gefangener, der sich nach der Freiheit jenseits der Gitter sehnt (wenn wir nicht aufpassen, macht Benetton ein Werbeplakat daraus). Zweitens das von Maradona nach seinem Tor gegen Griechenland: Er rannte wie ein wildgewordener Irrer zum Spielfeldrand oder besser gesagt – mit bewundernswertem Orientierungssinn –, zu einer Kamera, die festhielt, wie er mit seiner gebräunten Haut und seinem Ring im linken Ohr auf sie zulief, als wäre er ein Pirat beim Entern eines Schiffes. Ihm auf dem Fuß folgten die lächelnden Kameraden Chamot, Simeone und Redondo. Er aber lächelte nicht, er sah aus, als hätte er einen Säbel zwischen den Zähnen, beinahe wirkte es, als wollte er wütend seinen Kopf in die Kamera rammen. Warum bloß reagiert jemand, der einmal der beste Spieler der Welt war und bei Meistervereinen prächtige Tore geschossen hat, so verbissen? Wahrscheinlich verabschiedete er sich auf diese Weise, nachdem er verhaftet, eingesperrt, verleumdet und verhört worden war, nachdem man ihn verstoßen und hatte fett werden lassen. Es war die Freude eines erschöpften Mannes, der seinen Hut nimmt. Vielleicht ist es einfach nur so, daß diejenigen, die sich verabschieden, am Ende den Anfängern ähneln, die Anspruch auf ihren Platz erheben.

1994

GENTO

VIDAL

Je nachdem, wie sie gespielt werden, unterscheiden sie sich sehr voneinander, und heutzutage sind sie im Fernsehen oder im Radio kaum noch zu hören: Die patriotischsten unter den Reportern, die sagen »wir können gut mit dem Ball umgehen« oder – natürlich – »wir haben gewonnen«, reden pausenlos, auch während der Nationalhymnen, der eigenen und den gegnerischen, selbst, wenn es ein paar Minuten lang still ist. Nicht einmal der Mord an dem armen Kolumbianer Escobar verlangt ihnen Respekt ab, ihr Gequatsche setzt sich einfach über alles hinweg. Die schönste Hymne ist nach wie vor die deutsche, nicht umsonst ist sie von Haydn. Wie viele andere Dinge haben die Deutschen auch die Musik aus Österreich gestohlen. Juan Benet pflegte zu erzählen, daß der Hamburger Rundfunk sich bei der Kapitulation Deutschlands vor fast fünfzig Jahren darauf beschränkte, die Nachricht knapp zu verkünden, und anschließend das *poco adagio, cantabile* der Originalversion des »Kaiserquartetts« spielte. Es ist das melancholischste und untriumphalste Musikstück, das man sich denken kann, aber die Militärkapellen haben ein nicht enden wollendes Jubelstück daraus gemacht, eine protzige, unheilverkündende Marschmusik. Es ist wie mit den Übersetzungen, man fragt sich, wie es kommt, daß sich eine Partitur von Interpret zu Interpret so sehr unterscheidet, obwohl es sich doch um *dieselbe* handelt.

Bei dieser Weltmeisterschaft erklingen die beiden anderen schönsten Hymnen nicht, die aus England, vielleicht im 17. Jahrhundert von John Bull komponiert, und die französische, die mythenumwobene Marseillaise von Rouget de Lisle. Diese drei Nationalhymnen haben, wie die meisten anderen auch, traditionelle Texte, die von den Spielern ohne Schwierigkeiten gesungen werden. Von *God Save the King* gibt es einige wundervolle Variationen für Orchester und Klavier von Johann Christian Bach, die zum Fröhlichsten gehören, was es gibt. Die Existenz dieser klassischen und gesitteten Versionen versöhnt einen mit jenen Hymnen, ja sie gestattet es sogar, unter dem Vorwand, Haydns, Bulls, eines Sohnes von Bach oder *Casablancas* zu gedenken, ohne Gewissensbisse Rührung zu zeigen. Das ist ein großer Vorteil, dessen wir Spanier uns nicht erfreuen können, obwohl unsere *Marcha de Granaderos* aus dem 18. Jahrhundert gar nicht schlecht ist, denn sanft und langsam gespielt – defätistisch gewissermaßen, nur ein einziges Mal habe ich sie so gehört – ist sie fast so melancholisch und wie Haydns Komposition für Streicher, wenn sie nur von Streichern gespielt wird. Dennoch fällt es schwer, dem Stück keinen Widerwillen entgegenzubringen, zumindest meiner Generation, die es allzu häufig bei Paraden gehört hat, bei denen Franco das Sagen hatte, der seine schlaffe Hand hob und senkte wie eine Bahnschranke, ein großes Hindernis.

Die Beziehung der Spieler zu ihren Ländern zeigt sich in der Art, wie sie diesen Musikstücken zuhören. Es gibt naiv patriotische wie die Spieler aus Mexiko (die die Hand auf die Brust legen) und falsche Patrioten wie die aus Deutschland (»das hat uns gerade noch gefehlt«, scheinen sie zu denken). Manchen gefällt ihre eigene Melodie nicht, aber sie finden sich wie die Brasilianer und die Argentinier damit ab, denn es ist schließlich ihre; die Italiener wissen nicht so recht, was sie mit ihrer fröhlichen *Fratelli d' Italia* oder *L'inno de Mameli* anfangen sollen, es ist abzusehen, daß Berlusconi sie bald durch irgendein Lied ersetzt, das *confidenziale* oder fernsehtauglich ist, beispielsweise durch *Volare*. Manche hören gerührt zu, manche hören zu und hoffen dabei, daß der Quatsch bald vorbei ist. Zu letzteren gehören auch, so fürchte ich, die Spanier, die den Text nicht kennen. Wie sollten sie auch? Der einzige Text, an den ich mich erinnern kann, ist ein Spottlied aus Francos Zeiten, in dem es sinngemäß hieß: »Franco, Franco, Sie sehen ja heute so fanatisch aus, als wären Sie ein Krieger mit Pfeil und Bogen, der sein Leben für den König aufs Spiel setzt.« Vielleicht gibt ja jemand bei Gelegenheit einen Text bei einem besonders spanischen Autor wie Francisco Umbral oder Antonio Gala in Auftrag. Dann hätten wir wenigstens jedesmal etwas zu lachen, wenn wir hören, wie die Jungs lauthals kitschige Liedchen singen.

1994

Wir wissen zu gut, daß das Leben ungerecht ist und nicht immer etwas mit persönlichem Verdienst zu tun hat. Die scharfsichtigsten unter unseren Nationalspielern wissen, daß ihr Spiel gegen Italien deshalb in Erinnerung bleiben wird, weil sie es verloren haben, wegen eines Tores, das einfach nicht fallen wollte. Vielleicht auch noch wegen eines vereinzelten Bildes, das nichts mit dem Spiel als solchem zu tun hatte. Es ist schon merkwürdig, wie einige Fußballspieler gut ankommen und andere völlig danebenliegen (doch das geschieht in allen Bereichen des ungerechten Lebens) und wie ersteres oder letzteres gelegentlich von etwas abhängt, das sie auf dem Spielfeld ein einziges Mal getan haben, allerdings vor Millionen von Zuschauern. Ein einziger Augenblick kann ausreichen, um jemanden eher aufgrund einer Reaktion als aufgrund eines Spielzuges für immer zu zeichnen, so lange, bis eine andere Tat ihn erlöst oder verurteilt. Am erstaunlichsten aber ist, daß *dieselbe* Tat auf unterschiedliche und sogar gegensätzliche Weise wahrgenommen werden kann, als wäre sie bei den einen Spielern angemessen und bei den anderen nicht, so als ob alle die feinen Unterschiede erkennen könnten. Vor vier Jahren sah der Engländer Gascoigne im Halbfinale der Weltmeisterschaft in Italien die gelbe Karte, was bedeutete, daß er für das Endspiel gesperrt sein würde, sofern England das Spiel gewönne. (Sie gewannen es nicht, es war also alles nicht so schlimm.) Dem dicken Gascoigne, der mehr an einen Hooligan als an einen Fußballspieler erinnerte, ein undisziplinierter und harter Bursche, stiegen unvermittelt und ohne jede Scham die Tränen in die Augen, während er sich anschickte, den Angriff fortzusetzen, damit seine Mannschaftskameraden das erhabene Spiel noch erreichten, bei dem er selbst nicht dabeisein würde. Er gewann das Publikum der ganzen Welt für sich, und seitdem verzeiht man ihm alles. Vor einigen Tagen sahen wir auch den armen Luis Enrique weinen, dem Tassotti im Strafraum mit einem Ellbogenstoß die Nase gebrochen hatte. Ich glaube jedoch kaum, daß ihm jenes Bild viel Sympathie einbringt, selbst wenn das Recht auf seiner Seite ist: Er hat es vielleicht einfach übertrieben (der Spieler warf sich zu Boden, sein Weinen war übertrieben und kindisch, er brüllte seinem Angreifer zu »Hurensohn, Hurensohn«). Vor allem dauerte es zu lange und war kein flüchtiges, sondern ein inszeniertes Bild. Was Gefühle angeht, so ist ihre Dauer ausschlaggebend, da sie sich in nichts auflösen, wenn man übertreibt.

Vor vielen Jahren verlor Real Madrid eine Meisterschaft in letzter Minute an Real Sociedad San Sebastián, und der verstorbene Juanito Gómez wälzte sich über den Rasen wie eine Mänade (in der Schule auch »Heulsuse« genannt). Es hatte weniger den Anschein, daß er wirklich litt, vielmehr hatte er es darauf angelegt, daß wir sähen, wie sehr er litt. Ich glaube kaum, daß jene Szene ihm Sympathien einbrachte, genausowenig wie jene unvergeßliche, als er dem auf dem Boden liegenden Deutschen Matthäus ins Gesicht trat. Dagegen hat der Italiener Gentile nicht denselben schlechten Eindruck hinterlassen, als er Maradona 1982 das Trikot zerfetzte. Die Tat konnte nicht feiger und offensichtlicher sein, aber Gentile gelang es, so gekonnt das zynische Gesicht eines Unschuldigen zu mimen, daß man, vermutlich der schauspielerischen Leistung wegen, darüber hinwegsah. Bei dieser Weltmeisterschaft haben Bebeto, Romario und Mazinho es geschafft, mehr Sympathien für ihre Geste zu wecken, die das Wiegen eines Babys simulierte, als für Brasiliens aseptische Tore: Sie erinnerten mich an John Wayne und seine Kumpanen in jenem rührenden Film von John Ford, »3 Godfathers«, in dem ein paar Gauner mit einem Neugeborenen durch die Wüste ziehen. Der Fußball hat mit dem Kino viel gemein und zunehmend mehr, je öfter er im Fernsehen gezeigt wird. Der schwedische Torwart Ravelli, nachdem er zwei Elfmeter der Rumänen gehalten hatte, machte einen unsympathischen Eindruck, warum weiß ich nicht, vielleicht boxte er, der sich auf sein Äußeres nicht viel einbilden kann, danach zu oft in die Luft. Und es ist wirklich schade, daß der Franzose Cantona nicht am Turnier teilnimmt: In seiner Mannschaft, bei Manchester United, wird er für sein Bengelgesicht angebetet, für sein Emigrantenaussehen und weil er – aus unerklärlichen Gründen – den Kragen seines Trikots hochgestellt trägt. Der Fußball ist ebenso unbegreiflich wie das Leben: In beidem kommt man entweder gut an, oder man liegt völlig daneben.

1994

Wenn diese Zeilen erscheinen, könnte es sein, daß die Karriere des französischen Fußballers Eric Cantona (sprich: Cantoná) beendet ist. In jedem Fall wird sie sehr ramponiert sein, da sein Verein Manchester United ihn für den Rest der Saison gesperrt hat. Auch der Nationaltrainer seines Landes hat ihn verstoßen, und er muß mit weiteren Sanktionen der Sportverbände rechnen. Anlaß dafür war ein akrobatischer Fußtritt, den Cantona einem Crystal-Palace-Fan verpaßte, als er sich, nachdem er vom Schiedsrichter wegen eines groben Fouls vom Platz gestellt worden war, auf dem Weg in die Umkleidekabine befand. Anscheinend warf der Fan ihm alle möglichen Beleidigungen an den Kopf, wie es Fans auf der ganzen Welt zu tun pflegen. Cantonas Tat wurde von Funktionären, Trainern und Journalisten unverzüglich verurteilt, und man warf ihm vor, launisch und unverbesserlich zu sein, denn es ist nicht das erste Mal, daß dieses Genie sein Rebellentum, seine Ungeduld und Hitzigkeit offen zeigt. Schon mancher ähnliche Vorfall geht auf sein Konto, und außerdem liest er Baudelaire und Montesquieu, was im fußballerischen Umfeld immer noch nicht gern gesehen ist. Er schreibt Gedichte und malt. Er ist zur Hälfte Spanier, und die Fans seiner häufig wechselnden Vereine beten ihn an, ihn und sein Spiel. Er stellt seinen Hemdkragen immer hoch, als trüge er einen Trenchcoat, und seine Auffassung vom Fußball und ihre Umsetzung gehören zu den phantasievollsten, zupackendsten und erstaunlichsten der letzten Zeit – künstlerisch wie kämpferisch. Die englischen Kinder singen in den Pausen: »*Oh, ah, Cantona, ran away with the teacher's bra.*«

Dem von Cantona angegriffenen Fan, einem gewissen Matthew Simmons, zwanzig Jahre alt, wird das Betreten des Stadions seines Vereins untersagt, er wird also nur leicht bestraft. Trotz seiner jungen Jahre scheint er ein richtig feiner Kerl zu sein: Er ist wegen bewaffneten Raubüberfalls auf eine Tankstelle vorbestraft und bekannt für seine rassistischen Ansichten. Möglicherweise hatte er den Tritt und manches mehr verdient. Dennoch hätte Cantona ihm den nicht verpassen dürfen, und es ist normal, daß er dafür bestraft wird. Worüber sich allerdings streiten läßt, ist die allgemeine moralische Verurteilung. Ein Regen von Beleidigungen und Kritik prasselt auf ihn nieder, obwohl das, was er getan hat, in meinen Augen *auch* eine mutige Tat und ein Akt der Auflehnung war.

Es gilt als selbstverständlich, daß das Publikum geachtet werden muß, auch wenn es schon lange nicht mehr achtenswert ist. Wer einmal einen Fuß in ein Stadion oder eine Stierkampfarena gesetzt hat, hat feige Individuen gesehen, die es aus dem Schutz der Entfernung und der Anonymität heraus wagen, den Fußballspielern oder Stierkämpfern Dinge zuzurufen, die sie niemals jemandem zuflüstern können, der nur zwei Schritte von ihnen entfernt stünde, Leute, die nicht einmal einem Kind zu Hilfe eilen würden, das von vier Erwachsenen verprügelt wird. In der Masse untergetaucht, finden sie den Mut zu Beleidigungen und Schimpfworten, zu denen sie sich gegenseitig aufhetzen. Sie fühlen sich sicher, denn an solchen Orten ist es fast unmöglich, sie voneinander zu unterscheiden und sie als das wahrzunehmen, was sie sind: Individuen.

Nur wenige Dinge auf der Welt sind niederträchtiger als die Lynchjustiz, sei sie körperlich oder verbal, oder als eine Gruppe von Individuen, die ihre Individualität zeitweilig aufgeben, um sich jeder Verantwortung zu entziehen, damit sie jemanden töten oder schlagen oder beleidigen können. Und dann, wenn alles vorüber ist, zu ihrer Individualität zurückkehren und sich sagen können: »Ich war es nicht, eigentlich waren es mehr die anderen.« Dieser lynchbereiten Masse die Stirn zu bieten oder auf sie loszugehen ist so gut wie unmöglich, und in einer solchen Situation denkt das Opfer: »Wenn ich nur jedem von ihnen einzeln gegenübertreten könnte.« Genau das hat der große Cantona getan: jemanden in dieser Masse ausgemacht, mit dem Fuß (statt mit dem Finger) auf ihn zu zeigen, ihn aus seiner bequemen Anonymität herauszuholen und ihm das zu geben, was er verdient. Hundert Rowdys wie Simmons hätten sich dabei auf ihn stürzen und ihn, wieder in eine anonyme Menge verwandelt, auf der Stelle töten können. Der Spieler ist das Risiko eingegangen und hat dabei Mut bewiesen.

Hätten wir diesen Vorfall im Kino gesehen, wir hätten in bezug auf die Reaktion des Genies keinerlei Zweifel gehabt, mit Sicherheit hätten wir ihm zugestimmt. Manchmal frage ich mich, warum wir das wirkliche Leben nicht mit derselben Schärfe, mit derselben Gelassenheit zu deuten wissen wie einen Film oder einen Roman. Wir sollten versuchen, das Leben stets wie eine fiktive Aufführung zu nehmen und uns vor allem auf unseren Zuschauer- oder Leserinstinkt verlassen, der wesentlich seltener versagt als unser Urteil als Bürger.

1994

TÖDLICHE ATMOSPHÄRE

Wenn dieser Artikel erscheint, wird man bereits wissen, wer die spanische Meisterschaft gewonnen hat, ob mein Lieblingsverein Real Madrid, oder Deportivo La Coruña, die sie schon seit Jahren verdient hätten. Ich wage es noch nicht, hurra zu schreien, während ich diese Zeilen tippe und noch unter dem Eindruck der aggressiven Spruchbänder, Pfiffe und Beleidigungen stehe, die sich gegen den Spieler Michael Laudrup richteten, als er zum erstenmal in seinem neuen Trikot, dem von Real Madrid, das Spielfeld von Barcelona betrat, auf dem er im Laufe von vier oder fünf Spielzeiten so oft gesiegt und so viel Liebe, Dank und Beifall erhalten hatte.

Im Zusammenhang mit einem anderen Spieler, dem bei Manchester United spielenden Franzosen Eric Cantona, sprach ich von der Masse und den Gefahren, die von ihr ausgehen. Cantona hatte damals beim Verlassen des Spielfeldes einen Fan entdeckt, der ihn beschimpfte, und diesem daraufhin einen Fußtritt vor die Brust verpaßt, weshalb er für den Rest der Saison gesperrt wurde und noch weitere Sanktionen erlitt.

Laudrups Reaktion im Stadion Camp Nou war eine völlig andere. Er war offensichtlich getroffen und nicht imstande, sich auf das Spiel zu konzentrieren. Er spielte sehr schlecht, so daß er in der zweiten Halbzeit ausgewechselt wurde. Danach äußerte er in seiner Naivität Enttäuschung und Verbitterung, ja Rachegedanken, was überaus merkwürdig anmutet bei jemandem, der so friedlich und wohlerzogen ist, daß er nicht einmal schlecht von seinem Trainer Cruyff redete, als dieser ihm das Leben offenbar so sauer machte, daß er gezwungen war, den Klub zu verlassen. Die *culés*, die seinen Fortgang bedauerten und im stillen sogar dem wahren Schuldigen die Schuld gaben, waren eher auf seiner Seite. Und nun trat Laudrup mit seiner neuen Mannschaft, der meistgehaßten, gegen seine ehemaligen Kameraden an, was die Pfiffe bei jedem seiner Ballkontakte und das Transparent mit den Worten »Laudrup = Verräter« erklärt. Schwieriger zu erklären war »Laudrup = Judas«, denn dieser große dänische Spieler hatte weder jemanden für Geld verkauft noch war er dem Geld verfallen; vertrieben ihn die schlechte Behandlung und der Neid seines Trainers. Beleidigender noch war »Laudrup = Abschaum«, aber das schlimmste war eines, auf dem stand: »Fernando Martín, Petrovic, Juanito: Laudrup, du bist der nächste«, das sich auf ehemalige Spieler von Real Madrid bezog, die vor nicht allzu langer Zeit bei Unfällen ums Leben gekommen waren. Dieses Transparent blieb offenbar nur wenige Minuten im Stadion und wurde möglicherweise auf Betreiben des FC Barcelona selbst entfernt, was ebenso lobenswert wäre wie einige Spielzeiten zuvor die Haltung des damaligen Trainers von Valencia, Guus Hiddink, der sich weigerte, ein Spiel zu beginnen, bevor nicht ein paar in der Masse wehende Nazi-Flaggen entfernt worden wären. Doch immerhin war das tödliche Spruchband lange genug zu sehen, um Laudrup in tiefe Trauer zu stürzen.

Ich frage mich, bis zu welchem Punkt öffentliche Personen – besonders Sportler und Stierkämpfer, die vor Massen auftreten –

gezwungen sind, zu übersehen und zu überhören, was ihnen aus der Gewißheit heraus, ungestraft davonzukommen, zugerufen oder zugeworfen wird. Wenn sie falsch reagieren, wie Cantona, wird ihnen die Schuld gegeben, denn man setzt vorraus, daß Schmähungen und Angespuckt-Werden Teil ihrer Arbeit sind und daß sie die Pflicht haben, alles unerschütterlich hinzunehmen, sich taub und blind zu stellen. Diese merkwürdige Forderung erweist sich als ebenso unerfüllbar wie die Bitte eines Richters an die Geschworenen, eine Frage, die er zuvor für unzulässig erklärt hat, nicht zu berücksichtigen, was oft in Filmen zu sehen ist. Wie ist es möglich, etwas nicht in Betracht zu ziehen, das bereits gesagt und gehört worden ist, nur weil ein Richter es anordnet? Wie ist es möglich, daß ein Sportler weder hört noch sieht, wovon hunderttausend Menschen wollen, daß er es sieht und hört, nur weil die Vorschrift ihm jegliche Reaktion verbietet?

Aber das schlimmste an dieser kleinen Begebenheit ist nicht etwa das geschmacklose Transparent, das schnell von der Bildfläche verschwand und sich nicht allein gegen Laudrup, sondern gegen die Angehörigen der Toten richtete; das war nur das Werk von wenigen. Am schlimmsten war, daß das gesamte Stadion den wackeren Laudrup ausbuhte. Ich habe Freunde unter den Barcelona-Fans, die während des Streits mit Cruyff auf Laudrups Seite waren; die ihm dankbar sind, ihm Bewunderung und Respekt zollen, die nichts gegen ihn haben und ihn trotzdem auspfiffen. Als ich sie fragte, warum, entgegneten sie: »Es war die Atmosphäre.« Diese Freunde sind vernünftige und zivilisierte Leute, und ein Fußballspiel ist doch eigentlich ganz harmlos; aber ihre Antwort beunruhigte mich zutiefst.

Übertragen Sie das auf eine andere Situation, und vielleicht verstehen wir dann besser, warum ganz Deutschland die Nazis, ganz Italien die Faschisten und fast ganz Spanien Franco unterstützt hat. Und vielleicht verstehen wir dann auch, warum gelegentlich jemand gelyncht wird, die verwerflichste Tat von allen. Eine kleine persönliche Bitte: Tun Sie nie etwas, nur weil die Atmosphäre danach verlangt.

1994

Vor zwei Wochen nahm ich an der Präsentation eines ungewöhnlichen Buches mit dem Titel *Fußballgeschichten* teil, zusammengestellt von Real Madrids Trainer Jorge Valdano. In diesem fast vierhundert Seiten dicken Band finden sich vierundzwanzig Erzählungen von lebenden und verstorbenen, alten, jungen und reifen Autoren, Spaniern und Argentiniern, Uruguayern und Peruanern, Paraguayern und Mexikanern. Darunter sind bekannte Namen wie Delibes, Benedetti, Sampedro, Roa Bastos oder García Hortelano. Aus meiner Generation wurden aufgeboten der Baske Atxaga, der Andalusier Navarro, die Galicier Casres und Rivas, Llamazares aus León und ich selbst aus Madrid. Dazu eine Frau, die Katalanin Rosa Regàs. Vielleicht war dies das einzige, was uns während der Podiumsdiskussion, an der einige von uns Schriftstellern in einem überfüllten Saal teilnahmen, in dem sich ein wohl weniger literatur- als fußballbegeistertes Publikum eingefunden hatte, im Fußball überhaupt etwas Merkwürdiges sehen ließ. Aber wer weiß, denn die beiden Attribute schließen sich nicht unbedingt aus, was im Verlauf des Gesprächs sehr klar wurde. Und während sich unter den Schriftstellern nur eine Frau befand, traf dies nicht auf das Publikum zu, wo ich mehr weibliche als männliche Gesichter zu entdecken glaubte. Immerhin ist schon in einem uralten, witzigen Text zur Vereinshymne von Real Madrid von den »jungen Mädchen aus

Madrid« die Rede, die sich sonntags auf den Weg nach Cha-martín machen.

Das beste an jener Veranstaltung war, daß, obwohl das Podium ausschließlich mit Schriftstellern besetzt war, niemand in platten Soziologenjargon verfiel oder den Sport unter psycho-analytischen Gesichtspunkten deutete oder gar plumpe Parallelen zwischen Fußballern und Erzählern suchte. Es gab weder Belehrungen, noch versuchte jemand mit irgendwelchen Ausflüchten seine Begeisterung zu rechtfertigen. Und ich mußte daran denken, wie sehr sich doch alles verändert hat. Vor nur zwanzig Jahren gab es keinen Intellektuellen, der es gewagt hätte, sich öffentlich zum Fußball zu bekennen. Der Fußball hatte einen schweren Stand, er galt als »rechts«, wenn nicht gar franquistisch, als eine Art weltliches Opium für das Volk, mit dem man es täuschte und vom Klassenkampf abhielt. Ich erinnere mich noch an eine Anekdote, in der das zum Ausdruck kommt: Real Sociedad San Sebastián trat zu einem Spiel in Chamartín an. Dort begegneten sich – alle waren sie, um unerkannt zu bleiben, allein und mehr oder weniger verkleidet gekommen – der reiche Unternehmer Querejeta, der Schriftsteller Juan García Hortelano, der Schriftsteller Juan Benet und der Verleger Javier Pradera. Als sie sich erkannten, glaubten sie sich rechtfertigen zu müssen: daß der reiche Unternehmer einmal bei Real Sociedad gespielt habe, daß Pradera aus San Sebastián stamme, daß Benet gleich beim Stadion wohne und zufällig vorbeigekommen sei ... Die Episode stammt von Hortelano, dem einzigen, der keinen Hehl aus seiner Leidenschaft machte.

Aber wir alle in der Gesprächsrunde trugen mehr Vorläufer

zusammen als erwartet. Vladimir Nabokov war während seines Exils in England Torwart gewesen, und Albert Camus stand in seinem Geburtsland Algerien ebenfalls im Tor. Als Kinder hatten auch Benedetti und Sampedro auf dieser Position gespielt, die beide zugaben, sich zurückgezogen zu haben, nachdem sie einen Schuß in den Magen abbekommen hatten, worauf der Südamerikaner auch noch ohnmächtig zusammengebrochen war. Llamazares verlangte Anerkennung für die Pionierleistung, daß sein Klub Cultural Deportiva Leonesa im Vereinsnamen zwei angeblich gegensätzliche Dinge zusammengeführt hatte. Sowohl ich, der ich als Linkshänder auf der Position des Linksaußen gespielt hatte, als auch mehrere der Anwesenden hatten Verletzungen erlitten, die vielleicht glänzendere als die literarischen Karrieren verhinderten, die wir dann, möglicherweise aus Resignation, eingeschlagen hatten. Manche von uns hielten zu Real Madrid, andere zu Atlético, zu Celta Vigo oder Deportivo la Coruña, zu Sporting Gijón oder Barça. Benedetti gestand, Anhänger von Nacional Montevideo zu sein und sich sehr darüber zu freuen, daß sie vor kurzem ihren ärgsten Feind Peñarol bezwungen hatten. Ich erzählte, einen Monat zuvor hätte ich einen englischen Antiquariatskatalog erhalten, in dem lauter erlesene Erstausgaben von Virginia Woolf, Joyce oder Kipling angeboten wurden. Unter soviel Höhenkamm-Literatur fand sich auch eine Autobiographie des großen Ferenc Puskas mit dem Titel *Ungarns Kapitän*, die etwa zehntausend Peseten kostete. Da Puskas für meinen Verein gespielt, mich als Kind begeistert und mir viel Freude bereitet hatte, rief ich also an, um das Liebhaberstück zu bestellen. Ich versichere Ihnen, diese Kataloge werden nur an wirkliche Literaturliebhaber verschickt. Nun, der Londoner Buchhändler teilte mir mit, die Geschichte von Puskas sei nicht nur bereits verkauft, es seien auch die meisten Anfragen dafür eingegangen. »Sollte ich ein weiteres Exemplar auftreiben«, kündigte er zu meinem Schmerz an, »werde ich den Preis verdoppeln.«

1994

Während meiner Kindheit verbrachte meine Familie den Sommer sehr oft in Soria. Zum erstenmal waren meine Eltern dorthin gereist, weil es ihnen die Lyrik Machados, die romanischen Bauwerke der Gegend und die kühlen Temperaturen in der sommerlichen Jahreszeit angetan hatten. Es waren Sommer, die drei Monate dauerten, und meine Brüder und ich hatten auf der Fahrt stets das Gefühl umzuziehen – was bedeutet, daß wir unser gesamtes Hab und Gut mitnahmen –, so lang erscheint einem die Zeit, wenn man Kind ist. Verglichen mit Madrid, wo wir den Rest des Jahres verbrachten, war Soria ein winziger, gepflegter Ort, in dem keine Entfernung zu groß war, um sie zu Fuß zurückzulegen, und der einem das Gefühl völliger Überschaubarkeit gab. Zum Baden gingen wir an den Duero-Fluß, der in Soria entspringt und auf dem wir auch Ruderboot fuhren; wir spielten in einem unter dem Namen »La Dehesa« bekannten Park, während die Erwachsenen auf der Terrasse des El *Reglero* einen Schluck tranken; in jenem Park gab es einen Musikbaum, um dessen riesigen Stamm sich eine Eisentreppe wand, über die sonntags die uniformierten Musiker der Kapelle hinaufstiegen, um auf einem in der Baumkrone errichteten Podium zu spielen. Vier klassische Abendspaziergänge gab es: zur Burg, zu den Eras, zum Ausguck und nach San Saturio. Vom Ausguck herab konnte man den Fluß sehen, über den sich eine Eisenbahnbrücke mit Stützkreuzen

aus Holzbalken spannte, von der sich einmal ein nicht er-
hörter Liebender gestürzt hatte; San Saturio war eine an einem
Steilhang gelegene Wallfahrtskapelle, in der einmal ein Eremit
gelebt hatte, der Schutzheilige der Stadt. Der Ort war geheim-
nisvoll und düster genug, um Kinder in Entzücken zu versetzen.

Dort begegnete ich einigen der gütigsten Menschen, die ich
je kennengelernt habe, allen voran Don Heliodoro Carpintero
und seine Schwestern Carmen und Mercedes, die in einem
bezaubernden Haus lebten, in dem ich recht eigentlich das
Lesen entdeckte und mit fünfzehn Jahren, unter den gütigen
Blicken des pfeiferauchenden Don Heliodoro, meinen allerer-
sten Roman schrieb. Die Liso-Schwestern waren Inhaberinnen
einer feinen Konditorei, in der meine Brüder und ich viel Zeit
verbrachten und lernten, wie man die Verpackung für ihren
exquisiten Butterkuchen faltete. Dann war da noch eine überaus sympathische, leicht verrückte Kindergärtnerin namens
Doña Felisa, die gemeinsam mit ihrer Schwester Antoñita um
die Kinder herumwieselte, nichts konnte die beiden aus der
Ruhe bringen, und alles war unbeschwert. Die Familie Pastor,
die Familie Ruiz, die Sáenz, die Páramos, Don Teógenes und
Don Oreste – ein italienischer Musiker, der aus wer weiß welchem Grund dort gelandet war und meinem Bruder Álvaro
Unterricht gab –, sie alle waren zauberhafte Menschen, die ver-
schwenderisch viel Zeit besaßen und in ihrem bescheidenen
Provinzleben ein Höchstmaß an Würde und Anstand aus-
strahlten. Lächelnde und kein bißchen mürrische Leute, auf
die das Stereotyp des barschen Kastiliers überhaupt nicht
zutraf, zurückhaltende und dabei gutgelaunte und witzige

Menschen wie die junge Celia mit den hellen Augen, die bei den Carpinteros lebte, oder der geduldige Herr Vicen Vila, der Platten verkaufte, oder der Mathematiklehrer Don Victorino, der mich in jenem Jahr zu ertragen hatte, in dem ich sitzengeblieben war. Es gab drei Kinos, und eines von ihnen diente von Zeit zu Zeit als Theater, und ich weiß noch, wie ich mit meinen Sommerfreunden, von denen ich schon seit Ewigkeiten nichts mehr gehört habe, spielte und mich unzählige Male mit ihnen prügelte: die Brüder Casalduero, die Mazariegos, die Villuendas und Ochotorenas.

Da wir uns bis weit in den September hinein dort aufhielten, sahen wir uns die ersten Meisterschaftsspiele des örtlichen Vereins, Numancia, an. Ich habe noch einige Fotos, die 1961 auf jenem Schotterplatz aufgenommen wurden, und im Hintergrund kann man das Ergebnis der Begegnung lesen: Numancia 2, Logroñes 0. Meine Erinnerung sagt mir, daß jenes Stadion mit einer einzigen Tribüne an der Längsseite San Juan hieß. Jetzt lese ich, daß es Santa Ana heißt und unter dem Namen »Los Pajaritos«, Die Vögelchen, bekannt ist. Ich weiß nicht, ob es noch dasselbe ist, jedenfalls hat es in den vergangenen Wochen Berühmtheit erlangt. Seit meiner Kindheit habe ich die Gewohnheit, montags in der Zeitung nachzusehen, wie Numancia in der dritten Liga gespielt hat, eine Gewohnheit, die ich witzigerweise mit einem anderen Schriftsteller, Peter Handke, teile, der, egal wo er sich befindet, dasselbe tut, wenn er spanische Zeitungen auftreiben kann.

So ist Numancia eine ziemlich literarische Mannschaft, besonders jetzt, da ihre Heldentaten im spanischen Vereinspokal allseits gerühmt werden. Was immer beim Rückspiel in

Barcelona geschieht, in einem Stadion, in das die gesamte Bevölkerung von Soria dreimal hineinpassen würde, dieser Verein wird meine Kindheitserinnerungen an die Stadt, die ihn beherbergt, nicht enttäuscht haben: Erinnerungen an einen sauberen, bescheidenen Ort, in dem die Welt noch in Ordnung scheint, mit seinen kalten, klaren Tagen und den wunderbaren, stillen Landschaften seiner Umgebung, einen Ort, der weder dagegen aufbegehrt noch darüber klagt, daß die Welt ihn vergißt, einen Ort voller Adel, Würde und Anstand.

1995

In dem schon älteren mythischen Western »The Wild Bunch – Sie kannten kein Gesetz« von Sam Peckinpah verfolgt der Schauspieler Robert Ryan, der sich auf die Seite des Gesetzes geschlagen hat, mit seinen Söldnern im Laufe des zweistündigen Films seine alten Freunde und Kumpel William Holden, Ernest Borgnine, Warren Oates und Ben Johnson. Was diese trübsinnig und melancholisch stimmt, ist vor allem die alte Freundschaft, die noch nicht ganz begraben ist; sie nötigt ihnen Respekt vor ihrem Gegner ab und weckt in ihnen gleichzeitig den heftigen Wunsch nicht so sehr nach Rache, sondern danach, besser zu sein als er. Ginge es ihnen nur um ersteres, so wäre alles erlaubt: der Hinterhalt, die Falle und die Niedertracht der Killer, denen Ryan sich ein ums andere Mal entgegenstellen mußte. (Ich fand es sehr passend, das Publikum in Chamartín manchmal die Melodie eines Westernsongs mit dem Titel *When Willi Comes Marching Home* singen zu hören.)

Real Madrid und Barcelona verbindet natürlich überhaupt keine Freundschaft, doch in letzter Zeit haben die Mannschaften einige verblüffende Gemeinsamkeiten entwickelt, die vor wenigen Jahren noch undenkbar gewesen wären: Seit ihrem Bestehen ließen sich die Wechsel von einem Verein zum anderen an einer Hand abzählen. Soweit meine fußballerische Erinnerung zurückreicht, gab es nur zwei Außenstürmer, Tejada

und Goywaerts, die vom FC Barcelona zu Real Madrid wech-
selten; in der Gegenrichtung nur den defensiven Mittelstürmer
Muller, einen Franzosen. Dann kam der berüchtigte Fall Bernd
Schuster, der fast so schlimm war, als hätte sich seinerzeit
Kubala das weiße Trikot angezogen. Und am Samstag standen
Milla und Laudrup auf dem Feld, nachdem sie übergangslos
die Fronten gewechselt hatten. Ebenso Hagi, doch erst, nachdem er sich die Madrider Farben im Fegefeuer von Brescia her-
ausgebrannt (und dafür bezahlt) hatte. Und dann noch Valdano, der früher einmal bei Madrid gespielt und dem Verein als
Trainer zwei Meisterschaftstitel entrissen hatte, um sie ausgerechnet Barcelona zu schenken, wofür er von den *culés* Lob und
Dankbarkeit erntete. Am Ende des Spiels gab es noch eine
weitere Gemeinsamkeit, sie betraf den Spielstand: Nach den
beiden 5:0-Siegen, die Cruyff vor zwanzig Jahren und vor
einem Jahr erungen hatte, einmal als Spieler, dann als Trainer,
hatte es jetzt abermals ein 5:0 gegeben, diesmal jedoch für uns.

Man sagt gern, der Fußball sei gleichzeitig grausam und
gütig, weil er nur für die Gegenwart von Bedeutung sei und
kein Gedächtnis besitze: Der Sieg von gestern ist angesichts
der Niederlage von heute bedeutungslos, die ihrerseits nach
einem morgigen Sieg vergessen sein wird. Dieselben Spieler,
die an einem Samstag mit gesenkten Köpfen das Spielfeld verlassen, werden sich am nächsten vor Freude in den Armen lie-
gen und umgekehrt. So sieht das im Alltag aus, an der Ober-
fläche. Doch es gibt Momente, in denen der Fußball, ganz im
Gegenteil, von der Vergangenheit und der Erinnerung einge-
holt wird; dann verdichtet er sich und erstarrt, die Gefühle, die
er dann hervorruft, sind weder rein noch elementar, sie sind

gemischt, wo beide, der einfache Sieges- oder Rachewunsch, schlicht und unverfälscht sind; bei solchen Gelegenheiten ist der Wunsch undurchsichtiger, rauher, in sich gebrochen und dazu noch melancholisch, wie es Ryan und Holden waren, als sie einander verfolgten beziehungsweise flohen – beim ersten weigerte sich ein Teil seines Selbst, den anderen zu fassen, beim zweiten lenkte ein Hang zum Selbstmord die Schritte, als wollte er sagen: Wenn du dir nichts sehnlicher wünschst, als mich tot zu sehen, dann werde ich mich eben von anderen umbringen lassen.

Die Verzweiflung des FC Barcelona nach den fünf gewonnenen Meisterschaften von Real Madrid war so groß, daß wir Madrid-Fans ein wenig das Gefühl hatten, der Verein strecke die Waffen, er lasse sich einholen und umbringen wie William Holden und seine Gesetzlosen. Ein paar grobschlächtige und vulgäre Barcelona-Anhänger reden sich inzwischen ein, Madrid sei eben auf Barcelona fixiert oder diesmal schlichtweg besser gewesen; umgekehrt wird es manche Madrid-Fans geben, die nach dem Samstag glauben, sie hätten lediglich eine Schmach beglichen. Die Sache ist wesentlich vielschichtiger, denn in diesem Spiel meldeten sich die Erinnerung und die nahe Verwandtschaft zu Wort. Wenn die Tore bei uns eine so große Begeisterung auslösten, dann nur, weil wir uns an die Tore des Gegners im vergangenen Jahr erinnerten; und die klügeren unter den *culés* erkannten allmählich, wie wir uns damals gefühlt hatten, und ließen dadurch eine Art rückblickendes Mitleid erkennen. Genau wie Robert Ryan, als er zufrieden, doch mit gesenktem Kopf stundenlang an eine Mauer gelehnt dasitzt, nachdem er die Leichen seiner Feinde –

und ehemaliger Freunde – zu Gesicht bekommen hat. Es würde mich nicht wundern, wenn Laudrup nach seinem unvergleichlichen Auftritt noch heute an diese Mauer gelehnt dasitzen würde.

1995

Vor Jahren bemerkte Vázquez Montalbán einmal treffend, wir Menschen wechseln heutzutage alles bis auf eines: die Weltanschauung, die Religion, die Ehefrau oder den Ehemann, die Partei, die Wahlstimme, die Freunde, die Feinde, das Haus, das Auto, die literarischen, filmischen oder gastronomischen Vorlieben, die Gewohnheiten, die Hobbys, unsere Arbeitszeiten, alles unterliegt einem zum Teil sogar mehrfachen Wandel, der sich in unserer schnelllebigen Zeit rasch vollzieht. Das einzige, wo wir anscheinend keine Veränderungen zulassen, ist der Fußballverein, zu dem man von Kindesbeinen an hält. Abgesehen von einigen unverbesserlichen Opportunisten, die eigentlich keinen Gefallen am Sport finden – Leute, die sich nur am Tag des Endspiels vor den Fernseher setzen, um mitreden zu können –, tauscht niemand den Verein, mit dem er gezittert hat, gegen einen anderen aus. Man kann eine stärkere oder schwächere, zweitrangige oder spontane Sympathie für den einen oder anderen Verein hegen, man kann eine ganze Reihe fremder Spieler bewundern und sie sich für seinen Verein wünschen; aber für das Zittern, für das Leiden und die Freudensprünge gibt es keinen Ersatz.

Ich habe es am eigenen Leibe erfahren. Als ich ein Kind war, warf Real Madrid nach einer Niederlage gegen Inter Mailand im Endspiel um den Europapokal Alfredo Di Stéfano aus der Mannschaft. Di Stéfano wurde so sehr mit dem Verein identifiziert, daß man sich anfangs die Mannschaft ohne ihn gar nicht vorstellen konnte, vor allem, und genau das war der Fall, als er nicht aufhörte zu spielen, sondern zu einem anderen Verein ging: Er heuerte bei Espanyol in Barcelona an, für den er einige Jahre spielte, und danach, soweit ich weiß, bei Elche – völlig abwegig. Nun, meine *merengue*-Freunde und ich waren darüber so wütend, daß wir beschlossen, uns dem Klub aus Barcelona oder vielmehr Di Stéfano anzuschließen und Real Madrid den Rücken zu kehren. Ein paar Spieltage lang verfolgten wir aufmerksam die Ergebnisse seiner neuen Mannschaft, wir sahen, daß Don Alfredo massenhaft Tore schoß, und unsere Wut wurde immer größer. Aber als es zur Begegnung Madrid-Espanyol kam, vergaßen wir unsere guten Vorsätze. So böse wir auf Real Madrid auch waren, an jenem Tag konnten wir weder gegen sie sein noch für unser Idol, das so ungerecht verstoßen worden war.

Vor nicht allzu langer Zeit schoß Inter Mailand fünf Tore gegen Real Madrid und spielte uns in einem fabelhaften Spiel in Grund und Boden. Ich konnte nicht umhin, Inters Inspiration und diese Tore zu bewundern, allerdings erst nach ein paar Monaten. Während ich mir das Spiel ansah, konnte ich nicht gelassen bleiben: Jedes Tor drückte mich tiefer in meinen Sitz, und am Ende haßte ich alle und jeden einzelnen jener außergewöhnlichen Fußballer des geradezu unbesiegbaren Inter Mailand und die gesamte Stadt, den Dom eingeschlossen.

Jetzt haben wir eine Liga, die voller Ausländer ist. Es sind zu viele auf einmal gekommen, ohne die übliche Übergangsphase, in der sich ein paar Spieler zurückziehen oder den Verein wechseln, während andere, bekannte Spieler dableiben, die dafür sorgen, daß man sich weiterhin mit der Mannschaft identifizieren kann. Dem FC Barcelona ist es so ergangen, Real Madrid, Valencia, und vor allem Deportivo La Coruña. Und man fragt sich, ob man genauso wie im vergangenen Jahr zu Mannschaften halten kann, in denen ein paar Katalanen oder drei Madrilenen oder ein einziger armseliger Galicier spielen. Wie allgemein bekannt sein dürfte, bin ich grundsätzlich dagegen, jemanden nach seinem Ausweis oder Paß zu fragen, aber schließlich ist man Anhänger eines Vereins, weil er den Namen der Stadt trägt, in der man geboren wurde oder lebt, und weil man denkt, daß man einer seiner Spieler hätte werden können. Außerdem fühlt man sich durch sie auf einem ungefährlichen und symbolischen Gelände repräsentiert. Mir fiel es also zu Beginn dieser Saison schwer, Madrid in gewohnter Weise zu betrachten oder in Barça den ewigen Gegner zu sehen. Jetzt, da ein Drittel der Meisterschaft vorüber ist, muß ich allerdings feststellen, daß mein Verein immer mein Verein bleiben wird, auch wenn der Tag kommt, an dem die Mannschaft aus elf Ausländern besteht, die sich nur vorübergehend als Madrilenen fühlen können. Das hat weder etwas mit den Vereinsfarben noch mit dem Stadion zu tun, sondern etwas mit dem Stil, denn dieser wird von den Fans geprägt, und schließlich übernehmen die Spieler ihn, sogar die Neuankömmlinge, woher sie auch kommen mögen. Es ist nicht ganz leicht zu erklären, aber die wahren Anhänger verstehen mich, da bin ich mir sicher.

Nur eine Gelegenheit kann ich mir vorstellen, bei der meine vorbehaltlose Treue ins Wanken geraten könnte, und die erwähne ich hier, weil es fast dazu gekommen wäre und weil ich der Gefahr nur knapp entronnen bin. Vor Jahren kandidier-

te eine schmierige Witzfigur namens Ussía für den Vorsitz meines Vereins, und – um die Wahrheit zu sagen – ich glaube
kaum, daß ich es ertragen hätte, einen Verein zu unterstützen,
dem ein derartig stilloser Schriftsteller vorsteht. Aus diesem
Grund verstehe ich bei einigen meiner Freunde – gebildeten
und zivilisierten Leuten – nicht, wie sie trotz des proletenhaften
Besitzers, den sie seit zehn Jahren haben, immer noch zu
Atlético Madrid halten können.

1997

In der Welt des Fußballs geschehen zur Zeit höchst seltsame Dinge, wobei der Zuwachs an ausländischen oder mehr oder weniger fremden Spielern in den traditionsreichen Vereinen nicht das bemerkenswerteste ist, auch wenn es ein paar erhebliche Nachteile mit sich bringt, von den offenkundigen Vorteilen einmal abgesehen. Wenn ich Präsident oder Trainer eines Vereins wäre (Gott behüte), würde ich niemals, egal wie gut sie auch seien, mehr als fünf fremde Spieler auf einmal verpflichten, und zwar aus einem Grund, der weder mit Patriotismus noch mit dem Wunsch nach der Förderung der nationalen Talentschmiede zu tun hat, sondern mit Kontinuität und Geschichte.

Im Normalfall ist man Fußballfan von Kindesbeinen an. Daher kommt es, daß bei einem Fan während der Betrachtung eines Spiels völlig kindliche Züge zutage treten: Furcht, Unruhe, Freude, Scham, Wut, Tränen. Manche Menschen lassen bei all ihren anderen Aktivitäten nie das Kind in ihnen zum Vorschein kommen, beim Fußball dagegen lassen sie ihren kindlichsten Reaktionen bedenkenlos freien Lauf. Das bedeutet, daß sie bereits sehr früh gelernt haben, die Rivalitäten, die Bedeutung bestimmter Siege und bestimmter Niederlagen, den Stolz auf einen fairen Sieg und die Demütigung, die eine kampflose oder ungerechte Niederlage darstellt, voneinander zu unterscheiden. Dasselbe gilt für die hier aufgewachsenen

Spieler: Sie sind mit einer Tradition großgeworden; sie bewahren auf der Netzhaut Bilder aus der Vergangenheit, entscheidende Tore, Duelle um den Ball, Aufstiege, Heldentaten, aufsehenerregende Schiedsrichterentscheidungen und Eigenheiten ihrer Idole oder ihrer ständig wechselnden Gegner. Kurz gesagt, sie haben Rechnungen zu begleichen, rufen nach Rache oder müssen einen Gegner ein weiteres Mal besiegen, sie haben Emotionen angesammelt. Ein ausländischer Fußballspieler, so sehr er auch versucht, die Rivalitäten seines Landes auf unseres zu übertragen, so sehr man ihm auch erklärt, daß ein *colchonero* Madrid vor allem Pech wünscht oder daß ein Anhänger von Betis sich nichts sehnlicher wünscht, als daß Sevilla in der Zweiten Liga spielt, wird doch niemals eine persönliche und lebendige Erinnerung an die Vereinsgeschichte haben.

Allein mit Professionalität und Technik läßt sich etwas derartig Leidenschaftliches wie Fußball nicht spielen. Vor kurzem sah ich Deportivo La Coruña, die, obwohl mit vielen brasilianischen Talenten ausgestattet, mit einer weichen, bedächtigen Mannschaft einliefen, die weder Ehrgeiz zeigte noch offenstehende Rechnungen oder Erinnerungen mitbrachte: eine einzige Katastrophe. Noch mehr von solchen Mannschaften mit hohem Ausländeranteil, und das Spiel wird langweilig, egal wie gut sie mit dem Ball umgehen können. Was ich meine, springt bei den Spielern ins Auge, die aus der Umgebung ihres Vereins stammen, aber auch bei denen aus anderen Regionen, die viele Meisterschaften hintereinander am selben Ort gespielt haben: Leidenschaft sieht man bei Raúl, Guardiola, Guti, Sergi, Alfonso, Hierro sowie der gesamten Mannschaft von Athletic Bilbao. Früher wie heute bestand Fußball nicht nur aus

Qualität und einer Anzeigetafel, denn er enthält Gefühle, die das Leben bestimmen: Es gibt Mut, Solidarität, Scham, Rache, Großmut und Groll. Nehmt ihm das alles, und mit dem Huhn, das goldene Fernseheier legt, wird es aus sein.

Natürlich sind Vereinspräsidenten zu allem fähig. Das ist ja gerade das seltsame: Je weniger dumm und einfältig die Spieler und Trainer, je gebildeter, wohlerzogener, eleganter und vernünftiger, desto beschränkter ist häufig die Führung. Ich weiß nicht, welcher perverse Prozeß dazu führt, daß abstoßende, grobe, lächerliche und tyrannische Menschen zu Vereinspräsidenten ernannt werden. Für gewöhnlich sind es wohlhabende Leute mit so viel Geld, daß sich einige sogar ihre Klubs gekauft haben, aber ich sehe auch nicht unbedingt den Zusammenhang zwischen dem Besitz eines Vermögens und Charakterschwäche und dem Fehlen jeglicher Manieren. Es gibt die Ungehobelten und die Dreisten, es gibt außerdem die Undurchsichtigen, und dann gibt es noch die Frömmler mit dem Gesicht von Erleuchteten. Das schlimmste ist, daß sie auf so überwältigende Art unsympathisch sind. Ich sollte wohl etwas vorsichtiger sein, denn wahrscheinlich taucht demnächst ein neunmalkluger Literaturkritiker auf und beschuldigt mich, in meinen Artikeln aufrechte kleine Engel wie sie anzupöbeln, vielleicht weil er sich ihnen geistig verwandt fühlt. Aber es ist durchaus möglich, daß das Huhn, das goldene Eier legt, schneller versteinert als wir denken: Wenn man, um den Fußball zu verfolgen, allzu häufig diese unsympathischen Gestalten sehen muß, sollte man darüber nachdenken, sich allmählich davon abzuwenden.

1997

Marquitos
R.¹ Madrid

ISIDRO
R. Madrid

Häufiger noch als in anderen Bereichen tritt beim Fußball der moralisch ungerechtfertigte Versuch zutage, sich in den Vordergrund zu spielen, und zwar von seiten derjenigen, die das größte Interesse daran haben, daß das Geld den höchsten Stellenwert in der Gesellschaft einnimmt, einen höheren noch als das Talent. Vor einigen Wochen machte der hervorragende Barça-Spieler Pep Guardiola diesbezüglich einige mutige und zutreffende Äußerungen, bat die Klubchefs darum, weniger zu reden, vor allem das übliche Imponiergehabe zu unterlassen und die Versuche, anderen am Zeug zu flicken und von Zeit zu Zeit die Schiedsrichter, die Gegner, ihre eigenen Leute, den Fußballverband oder wer ihnen sonst noch so in die Quere kommt, geradeheraus zu beleidigen. Guardiola sagte, was jene Funktionäre nur allzugut wissen, aber gerne vergessen: »Ohne uns wären sie nichts.« Gewiß, sie haben das Geld oder verwalten es, aber der Öffentlichkeit sind sie nur wegen ihres Postens bekannt; und wenn es von gesellschaftlicher Bedeutung ist, Präsident von Madrid, von Barça oder Valencia zu sein, so liegt dies weder an der faszinierenden Persönlichkeit derer, die zeitweise auf diesem Stuhl sitzen, noch an der ihrer Vorgänger, sondern an den zahllosen gefühlsgeladenen und leidenschaftlichen Nachmittagen, die Zuschauern von den Spielern jener Vereine seit fast einem Jahrhundert geschenkt werden.

Der Trainer von Real Madrid, der Deutsche Jupp Heynckes, offenbar ein ehrbarer Mann, bat die Mitglieder seines Vorstandes respektvoll darum, mit aggressiven und aus der Luft gegriffenen Äußerungen etwas vorsichtiger zu sein, die bloß die Atmosphäre, in der sich seine Spieler entfalten, vergifteten und sie außerdem daran hinderten, sich auf die Spiele zu konzentrieren. Anstatt auf ihn zu hören, zog sein Präsident ihn zur Rechenschaft, verbat ihm mehr oder weniger den Mund und gab ihm zu verstehen, daß die »Kommunikationspolitik« ganz allein seine Sache sei. Nicht einmal wenn sie Unsinn erzählen, wollen manche Präsidenten Rückendeckung erhalten, was logisch ist, denn gerade das scheint ja ihre wichtigste Aufgabe zu sein, beziehungsweise das einzige, wofür sie gut sind.

Vor längerer Zeit verkündete der brasilianische Spieler Romario verwegen und seelenruhig die Absicht, in seinem Privatleben weiterhin das zu tun, wozu er Lust habe, also nachts bis in die Puppen zu tanzen, so oft er wolle. Und er gab sehr nachvollziehbar zu verstehen, er sei nun mal ein Freund der Nacht und nur dann glücklich und imstande, Tore zu schießen, wenn er das Nachtleben genieße, andernfalls nicht. Dafür wurde er mit Kritik überhäuft: Man beschuldigte ihn, unsolidarisch zu sein, begünstigt werden zu wollen, Allüren zu haben und natürlich, nicht recht bei Trost zu sein. Es ist ein ungeheuerlicher Widerspruch: Einerseits möchte man einen unvorhersehbaren, genialen, anarchischen, aber brandgefährlichen Spieler haben, der, wie es im Jargon heißt, »das gewisse Extra hat«; andererseits läßt die weitverbreitete Sehnsucht nach Gleichmachung und die gelegentlich groteske Berufung auf Disziplin – als wären wir beim Militär – manchen verges-

sen, daß ein Fußballspieler, der auf dem Spielfeld Außerge-
wöhnliches zu bieten hat, sehr wahrscheinlich auch in seinem
Privatleben und in seinen Gewohnheiten »ein gewisses Extra«
besitzt. Wir leben in einer Gesellschaft, die einzigartige Menschen, die den Leuten eine kleine Portion Glück und ihren
Chefs eine Menge Geld bringen, verzweifelt sucht und verehrt,
gleichzeitig aber alles daran setzt, ihnen ihre Einzigartigkeit zu
nehmen, da sie im Grunde nur stört und die Mittelmäßigkeit
ihrer neidischen Bosse unterstreicht, nicht aber die ihrer Mit-
spieler (auf die häufig etwas von ihrem Glanz abstrahlt).

Unbestritten ist, daß die Kinder das Trikot von Guardiola
oder Romario tragen und deren Porträts sammeln, und nicht
etwa die von Núñez oder Gaspart oder dem unerträglichen
Roig. Jugendliche kleben Fotos von Schauspielern und Schau-
spielerinnen auf ihre Mappen, und die besonders filmbegei-
sterten unter ihnen verfolgen den Lebenslauf der Regisseure,
nicht aber den der Produzenten. Das Publikum stürmt die Säle,
in denen Schriftsteller auftreten, für die Verleger dagegen interessiert es sich nicht; und es strömt wegen der Sänger in Massen
zu den Konzerten und nicht etwa, um sich von den Platten-
bossen begeistern zu lassen. Unser Leben läuft in immer
geordneteren Bahnen ab, und die Leute sind für die wenigen
Überraschungen oder Dinge, die Spaß machen, dankbar. Es
interessiert niemanden, ob Romario ein Nachtschwärmer ist,
solange er wunderbare Tore schießt, oder ob Almodóvar
Allüren hat, solange er Filme macht wie *Carne trémula*, oder ob
ein Schriftsteller schon mal ausrastet oder ein Sänger kifft,
bevor er die Bühne betritt, denn sie tun damit niemandem
etwas zuleide. Nur ein paar Klubpräsidenten, Film-, Verlags-

oder Plattenbosse scheinen so verrückt zu sein zu glauben, sie könnten den Künstlern, die ihnen nicht nur Geld, sondern auch Ansehen verschaffen, vorschreiben, wie sie sich zu benehmen haben.

1997

Mein guter Freund und geschätzter Kollege Guillermo Cabrera Infante, wie bereits erwähnt, verabscheut Fußball. Wenn
er sieht, daß ich wie selbstverständlich davon spreche oder
einen Artikel darüber schreibe, schleudert er mir seinen feind-
seligsten Blick zu und kann es sich nicht verkneifen, mir Ver-
antwortungslosigkeit und schlechten Geschmack vorzuwer-
fen. Sein Hauptvorwurf lautet, es handele sich dabei um etwas
Animalisches, das die Zuschauer anstecke; seiner Meinung
nach liegt es in der Natur des Sportes, daß die begeisterte Masse bisweilen zur Lynchjustiz übergeht.

Jetzt hat sich der Verein, für den ich seit meiner Kindheit
schwärme, vor ganz Europa lächerlich gemacht. Ein paar
Schwachköpfe haben ein Tor umgekippt, und nicht genug
damit, daß in Chamartín kein Ersatztor vorhanden war, es dauerte auch noch eineinviertel Stunden, bis man nach allgemei-
ner Verwirrung und Stümperei eines aufgetrieben hatte. Die
deutsche Presse war empört (der Gegner hieß Borussia Dortmund), die neutrale europäische machte sich darüber lustig,
und die Zeitungen aus Barcelona streuten ohne Scham und
Skrupel Salz in die Wunde. In Ordnung, es war mehr oder
weniger verdient. Daß ich im Erwachsenenalter immer noch
zu demselben Verein halte wie in meiner Kindheit, heißt nicht,
daß ich für seine Schwächen blind bin: Die gegenwärtige Ver-
einsführung ist nicht gerade vertrauenerweckend; den Trainer

Jupp Heynckes finde ich nicht unbedingt hellsichtig; und unter den Fans von Real Madrid sind einige, die mit ihren rassistischen und nazistischen Gesängen und Symbolen sowie ihren franquistischen, keinesfalls spanischen Fahnen zum Übelsten gehören, was unsere Gesellschaft zu bieten hat. Diese Analphabeten sollten wissen, daß sie einem Irrtum aufgesessen sind, als sie sich für Real Madrid entschieden. Wie unter Leuten mit Gedächtnis allgemein bekannt, zogen Linke und Republikaner, die Verlierer des Bürgerkriegs, Real Madrid eindeutig Atlético vor – trotz des scheinbar widersprechenden Adjektivs »real«, königlich. Madrid trug in seinem Titel den Namen der besetzten und bombardierten Stadt, während Atlético Aviación (wie er ursprünglich hieß) der Verein der franquistischen Piloten war, just derer, welche die Hauptstadt ohne Erbarmen bombardiert hatten. Unter unseren Spielern waren nicht wenige »Rote«, wie Del Bosque oder der Torwart Miguel Ángel oder der »Abessinier« Paul Breitner, und nur die europäischen Siege der fünfziger und sechziger Jahre führten dazu, daß sich das Franco-Regime dem Verein aus Opportunismus zuwandte – nicht umgekehrt. Das sollten sich die Radikalen merken: Sie unterstützen den Verein, der zu den Verlierern des Krieges gehört, sie sollten sich also lieber an der Atlético-Front melden.

Worauf ich eigentlich hinauswill: Alle Welt hat sich über das umgefallene Tor aufgeregt, aber keiner hat auf die ungewöhnliche, ja bewundernswerte Tatsache hingewiesen, daß nahezu einhunderttausend Zuschauer im Stadion – die Mehrzahl genauso angespannt wie ich zuhause vor dem Bildschirm – dazu gezwungen waren, fünfundsiebzig Minuten zu warten, viele Tausende von ihnen im Stehen, ohne die Gewißheit, daß das Spiel am Ende wirklich stattfinden würde, noch dazu an einem Werktag, voller Ärger und durchaus verständlicher Enttäuschung angesichts der hohen Erwartungen. Bewundernswert deshalb, weil es unter jenen hunderttausend Menschen in einer so langen, schwer zu ertragenden Zeitspanne zu keinem Zwischenfall kam; weil sich die Leute noch nicht einmal darüber stritten, ob sie die schuldigen Rowdies aus der Südkurve verprügeln oder ihnen für immer Stadionverbot erteilen sollten; weil sie geduldig abwarteten und sich auf das eine oder andere Pfeifkonzert gegen jene Südkurve und gegen die unfähige Stadionleitung beschränkten. Kurz, weil es zu keiner Katastrophe kam wie im Heysel-Stadion und an so vielen anderen Orten. Denn ich pflege Cabrera entgegenzuhalten, daß die Gefahr nicht vom Fußball ausgeht, sondern von der eingeschlossenen Masse, egal um welche Veranstaltung es sich handelt. Wir neigen dazu, unsere Fehler hervorzuheben, und in diesem Fall gab es davon nicht gerade wenige. Aber es gab auch Gutes, und bis heute habe ich noch keinen Kommentar gelesen wie diesen, in dem das hohe Maß an Ruhe und Zivilisiertheit anerkannt wurde, zu dem die meisten Fans des Vereins, dem meine beständige Zuneigung gilt, fähig waren.

1998

Wenn Sie das hier lesen, sind es nur noch drei Tage, bis mein Verein zum siebten Mal den Europapokal gewinnt (und das sechste Mal ist zweiunddreißig Jahre her). Glauben Sie nicht, ich hätte bei dieser Behauptung kein Herzklopfen. Schlimmer noch, die Schreibmaschine ist mir vom Tisch gefallen, ich habe siebenmal auf Holz geklopft, siebenmal die Daumen gedrückt und sieben Stoßgebete an den Heiligen Di Stéfano gesandt. Aber schließlich habe ich hierüber schon seit einem Jahr meine Prognosen abgegeben und bisher noch nicht danebengelegen.

Ein guter Freund und noch besserer Buchhändler, Antonio Méndez, ist ein fast ebensogroßer Madrid-Fan wie ich, und wenn ich *fast* sage, dann nur, weil ich einige Jahre älter bin als er, und Sie wissen ja, wie das bei Veteranen ist. Er steht politisch links, begreift die Seele Madrids jenseits der provinziellen Verleumdungen und schämt sich daher wegen des wenig ritterlichen Verhaltens mancher Vorstandsmitglieder und wegen der brutalsten Hooligans. An dem Tag, als die Mannschaft zuhause im Viertelfinale gegen Bayer Leverkusen spielte, ging ich in seine Buchhandlung, und der Mann war so nervös, daß er jedesmal, wenn eine Gruppe gegnerischer Fans an seinem Laden in der Calle Mayor vorüberging, unruhig wurde und mit zusammengebissenen Zähnen fluchte (glaube ich jedenfalls, denn ich verstand nicht, was er sagte), ängstlich und unzufrieden mit Real Madrids spielerischer Qualität, wie wir es alle in dieser Saison sind. Und dann sagte ich zu ihm, mehr einem Wunsch Ausdruck verleihend als wirklich überzeugt: »Mach dir keine Sorgen, heute gewinnen wir. Du siehst doch, daß es Deutsche sind, und in Deutschland werde ich viel gelesen und ausgesprochen freundlich behandelt. Jeder, den du hier siehst und den du im Stadion mit Mütze, Schal, Pfeife, Trompete und Schnarre sehen wirst, hat bestimmt meine Bücher gelesen. Also, keine Angst, das sind zivilisierte Menschen, die uns nicht übel mitspielen werden.« Sie können sich vorstellen, daß Méndez und sein Mitinhaber Alberto schallend lachten, wodurch sie, ohne es zu wollen, ein paar Kunden verscheuchten. Aber sie beklagten sich nicht, denn an jenem Abend hieß es 3:0.

Im Halbfinale trafen wir auf einen anderen deutschen Verein, den Vorjahressieger Borussia Dortmund. Und obwohl Madrid beim Hinspiel, noch dazu nach der Schande mit dem verschwundenen Tor, 2:0 gewonnen hatte, hatten die *merengues* große Angst, da der Verein sich durch die Meisterschaftsspiele quälte und aus dem spanischen Vereinspokal gegen einen Zweitligisten ausgeschieden war. Also wollte ich Méndez wieder beruhigen: »Kein Grund zur Sorge«, sagte ich zu ihm. »Das wird noch leichter als gegen Leverkusen, denn jetzt sind die Fans nicht nur Deutsche und schon deshalb geschmackvolle und sanftmütige Menschen – sie alle lesen meine Bücher –, sondern sie kommen auch noch aus Dortmund.« – »Na und? Ich weiß nur, daß es dort gutes Bier gibt, was die Fans nur noch mehr anheizen wird.« Wie hätte er sich auch erinnern sollen. »Im letzten Jahr im Dezember«, entgegnete ich, »bekam ich in Deutschland einen Preis überreicht, den Nelly-Sachs-Preis, erinnerst du dich?« Er nickte. »Es war ein Preis der Stadt Dortmund, so ein Zufall. Zur Preisverleihung mußte ich hinfahren, und der Bürgermeister hielt eine wunderbare lange Rede. Sogar eine Krawatte wurde mir als Geschenk ins Hotel geschickt, für den Fall, daß ich keine dabeihatte. Laß dich also nicht verwirren vom Äußeren der Fans, die du im Fernsehen sehen wirst, mit ihren schwarz-gelb-karierten Trikots, ihren Pappnasen und ihren Bierkrügen. Sie sind höchst gebildet und lesen nicht nur meine Bücher, sie haben mir sogar *ihren* Preis verliehen.« Antonio und Alberto versuchten sich das Lachen diesmal zu verkneifen, wären aber fast daran erstickt, so daß wir beinahe zwei der besten Buchhändler in ganz Madrid verloren hätten.

Was nächsten Mittwoch geschehen wird, hat damit zu tun, daß wir die so kultivierten Dortmunder besiegt haben und ins Endspiel gekommen sind. Dort erwartet uns das schreckliche Juventus Turin, das Jahr für Jahr den Scudetto seines Landes gewinnt und in den letzten drei Spielzeiten jedesmal in die Endrunde des Europapokals gekommen ist (aber nur einmal als Sieger aus ihr hervorgegangen ist, und diesmal natürlich nicht). »Und was jetzt?« fragten sie mich in Méndez' Buchhandlung. »Das sind keine Deutschen, und soweit wir wissen, haben sie dir keine Preise überreicht.« Jeder gute Pokerspieler weiß, daß man einen Bluff bis zum Ende durchhalten muß. »Nur die Ruhe«, entgegnete ich ihnen gestern. »Es wird nicht leicht. Es kann in die Verlängerung gehen oder sogar zum Elfmeterschießen kommen, weil in Italien noch nicht viel von mir erschienen ist. Aber wir werden gewinnen, denn mein Verlag, Einaudi, sitzt nicht wie die meisten italienischen Verlage in

Rom oder in Mailand, sondern in …« Und sie beendeten erleichtert und diesmal ohne Gelächter den Satz: »Turin!« – »Also sind auch die Tifosi meine Leser. Es wird zwar hart werden, aber stellt den Champagner trotzdem schon mal kalt.«

Und was, wenn Madrid jetzt nicht gewinnt …? Einmal abgesehen davon, daß ich in Depressionen verfallen würde, müßte ich mir auch noch einen neuen Buchhändler suchen. Oh, Heiliger Di Stéfano, steh mir bei.

1998

Heute ist nicht nur heute. Es ist beispielsweise auch der 18. Mai 1960. Ich bin acht Jahre alt, und meine Mutter hat bei den Nachbarn, die schon Fernsehen haben, angefragt, ob mein Bruder Fernando und ich zu ihnen kommen können, um das Spiel von Real Madrid zu sehen, das fünfte Europapokalspiel gegen Eintracht Frankfurt. Die Quesadas – so war wohl ihr Name – haben Gottseidank eingewilligt. Real Madrid schießt ein Tor, und außerdem gibt es eine Bildstörung; doch mein Bruder und ich wissen mehr aus Überzeugung denn aus Erfahrung, daß Madrid gewinnen wird. Puskas vier Treffer, Di Stéfano drei, insgesamt 7:3 Tore. Als vor ein paar Spielzeiten ein Sender die Rechte an den Bildern erwarb und sie mit den Kommentaren von *saeta rubia*, dem Goldenen Pfeil, ausstrahlte, fragte der Sprecher ihn, was er wohl zu Puskas gesagt haben mochte, als sie damals gemeinsam in ihre Spielhälfte zurückliefen, nachdem dieser gerade das 3:1 geschossen hatte. »Wahrscheinlich, daß wir uns damit die Prämie gesichert hatten«, antwortete der alte Di Stéfano. 1960 war er schon vierunddreißig und immer noch der beste Fußballspieler der Welt. Aber er war weder Preisgeldern noch lustigen Einlagen gegenüber abgeneigt. »In manchen Spielen«, erzählte er, »beschlossen Gento und ich, uns die Bälle nur mit der Hacke zuzuspielen, wir machten uns ein Spiel daraus, einen Jux.« – »Spiele, bei denen es um etwas ging?« fragte der verblüffte

Sprecher. »Aber sicher, und das Publikum ...« – »... war aufgebracht«, ergänzte der junge Journalist. »Ach was, es hatte Spaß. Das dumme war nur, daß wir eine Menge Bälle verloren. Aber nachher gewannen wir sie eben wieder zurück.« So eine Mannschaft konnte einfach nur gewinnen, denn sie war für Kinder gemacht, eine Mannschaft voller Taschenspieler, nur daß sie ihre Zauberkunststücke mit den Füßen vollbrachten.

Heute ist zugleich auch ein anderer Tag im Mai oder Juni, ich glaube 1962, als Real Madrid sein sechstes Finale bestritt und zum erstenmal verlor. 3:5 gegen Benfica Lissabon mit Eusebio, Torres und Simões. Aber mein Bruder und ich waren genau wie fast alle unsere Freunde bis zur letzten Minute davon überzeugt, daß Real Madrid gewinnen würde, und genauso sicher waren wir uns an einem anderen Tag, der auch heute ist, vielleicht im Jahr 1963, als die Mannschaft erneut im Finale ausschied, diesmal gegen Inter Mailand mit Facchetti und Mazzola, 1:3, und das schlimmste daran war, daß Di Stéfano für die Niederlage verantwortlich gemacht und gezwungen wurde, den Verein zu verlassen, sehr zum Unwillen und zur Schmach all der Kinder, die wir mehr Anhänger von Real Di Stéfano als von Real Madrid waren. Aber noch gab es ja Puskas und Gento und vielleicht auch noch Del Sol, und die Mannschaften bleiben ja gerade deswegen das, was sie einmal waren, weil es immer einige Überlebende gibt, an denen man keinen Verrat begehen kann. Heute ist auch ein Tag im Jahr 1966, in dem Gento, der diesmal an der Spitze einer anderen Generation steht, noch einmal den Europapokal gewinnt, mit einem 2:1 gegen Partizan Belgrad. Und es ist sogar ein Abend im Jahr 1981, mit weniger denkwürdigen Spielern, 1:0 gegen Liverpool, das war das letzte Finale.

Die entlegensten Dinge werden wieder greifbar, wenn sie sich einmal verankert haben, und sie kehren unvermutet zurück, wenn auch in Form einer Phantasmagorie oder einer Parodie oder einer Posse oder einer Neuauflage. Man weiß mit einemmal, welchen Bus man in einer Stadt nehmen muß, in der man fünfundzwanzig Jahre nicht gewesen ist, wenn man sie schließlich wieder betritt. Einen Tag zuvor hätte man noch nicht einmal den Namen der Straße zu stammeln vermocht, in der man ein ganzes Jahr lang gelebt hat. Die Zeit verdichtet sich, und heute ist zugleich heute und gestern und vorgestern, der zeitliche Unterschied existiert nicht, Marcel Proust hat mit einem Roman den Beweis dafür geliefert. So ist Real Madrid 1998 nach seiner kläglichen Rolle in der Liga nur noch ein Schatten seiner selbst: Der Verein verfügt über keinen einzigen Spieler, der die anderen mitreißen könnte, wie etwa Sankt Di Stéfano oder der Heilige Pirri oder auch Erzengel Michel ... Unser Gento von heute heißt Sanchis, ein wichtiges Bindeglied, denn Madrid ist und bleibt eben immer noch Madrid. Juventus Turin wirkt unbezwingbar, wie eine Kampfmaschine. Aber ich weiß, daß Madrid den Kampf gewinnen wird, so wie ich es bei allen Endspielen um »unseren« Pokal gewußt habe, selbst wenn wir ihn verloren haben. Glauben Sie mir, Madrid wird gewinnen: Das sind die Worte eines erwachsenen Mannes, der die Vierzig bereits überschritten hat und die gesamte Saison, vor jeder einzelnen Runde, eine große Klappe gehabt und recht behalten hat. Aber es sind auch die Worte eines achtjährigen Jungen, der in Chamberí geboren wurde, und in jenem Alter und in jener Gegend weiß man besser als in jedem – und in jeder – anderen, daß man bis zum Ende zu seiner großen

Klappe stehen muß. Alles bis aufs letzte Hemd zu verlieren ist keine Schande, denn ein Hemd ist überhaupt nichts, verglichen mit dem Gefühl der Unruhe und der Gewißheit, und weniger noch verglichen mit dem Gefühl der Unruhe und der Emotion.

1998

Wir Fußballbegeisterten verfügen über eine zusätzliche Maßeinheit für die Zeit, über die wohl kein anderer Mensch verfügt: die alle vier Jahre stattfindenden Weltmeisterschaften. Ich weiß noch, wie ich als Kind ausrechnete, wie alt ich bei der nächsten sein würde, wenn die letzte gerade vorüber war, und wie mir beides, mein Alter und das Ereignis, fern und beinahe unwirklich erschien. Es ist ein riesiger Unterschied, ob man zehn Jahre alt ist oder vierzehn, oder vierzehn oder achtzehn, man ist fast zwangsläufig ein anderer Mensch, so viele Wandlungen macht man in Kindheit und Jugend durch. Und was die Weltmeisterschaft betrifft, so hatte ich jedesmal, wenn die spanische Nationalelf verloren hatte oder ausgeschieden war, den Eindruck, als müßte erst eine Ewigkeit vergehen, bis sich wieder eine Gelegenheit zum Sieg böte.

Tatsächlich ist diese Ewigkeit vergangen, ohne daß Spanien jemals die Weltmeisterschaft gewonnen oder auch nur ein Finale erreicht hätte, und man gewöhnt sich so sehr an solche Enttäuschungen, daß man seine Erwartungen schließlich zurückschraubt, denn so kann man sich am besten dagegen schützen. Außerdem muß man im Laufe der Zeit feststellen, daß man den Vertretern seines Landes vor allem deshalb die Treue hält, weil darunter Spieler aus der eigenen Lieblingsmannschaft sind – denen man treu ist, solange sie nicht den Verrat begehen, in eine andere Mannschaft abzuwandern –, und nicht etwa aus patriotischen Gefühlen, die viel zu abstrakt und simpel sind, als daß sie von einem auch nur minimal kritisch veranlagten Verstand akzeptiert werden könnten. Ich erinnere mich noch, daß mir unsere Nationalmannschaft bei der letzten Weltmeisterschaft so wenig zusagte und daß ich an den Mannschaften aus den Ländern, die mir sonst am sympathischsten und nächsten sind, so viel auszusetzen hatte, daß ich schließlich zu den Löwen aus Kamerun hielt; die dann zu meiner Enttäuschung äußerst mittelmäßig spielten und die Leoparden aus Nigeria die Glanzleistungen vollbringen ließen.

Von 1994 bis 1998 hat sich nicht allzuviel getan, und an solchen Kleinigkeiten oder Tatsachen merkt man, daß vier Jahre schnell vergehen, wenn man erwachsen ist. Die Weltmeisterschaften scheinen dann schon fast alle paar Monate stattzufinden. Außerdem merkt man daran, daß alles vorhersehbarer wird und daß die eigene Vorstellung immerzu von dem, was man vorhergesehen hat, bestimmt wird, selbst wenn es nachher dann nicht zutrifft: Die Brasilianer werden entweder sehr gut spielen und im Halbfinale ausscheiden, oder sie spielen langweilig und werden Weltmeister; die Deutschen werden ziemlich ideenlos und rüde spielen, aber erst ganz zum Schluß wird man sie loswerden, und natürlich werden die Engländer, die, egal ob sie passabel oder katastrophal spielen, vorzeitig nach Hause müssen, wieder keinen Blumentopf gewinnen; die Italiener werden sich, egal ob sie auf der Gewinner- oder Verliererseite stehen, alles durch ihre Nervosität vermasseln; die Franzosen werden befreit aufspielen, vor dem Tor Schwächen zeigen und trotz des Heimvorteils nicht weit kommen; die Spanier werden bei jedem Spiel ihr Äußerstes geben, aber keinen bleibenden Eindruck hinterlassen; und die Argentinier werden heimtückisch oder selbstverliebt spielen (bei ihrem jetzigen Trainer Passarella aller Wahrscheinlichkeit nach ersteres), und nichts von beidem wird uns völlig zufriedenstellen. Im Grunde, denkt man, hat eigentlich niemand den Titel wirklich verdient, und wenn, dann nur die sorglos auftretenden und spielfreudigen Außenseiter wie Dänemark oder Nigeria, die Schotten mit ihrem Ruf als Trunkenbolde oder Holland mit seinem Ruf, ein promisker Haufen zu sein, vielleicht noch die anarchistischen Jugoslawen.

Der Fußball besitzt heutzutage immer weniger erzählerische Momente, er löst immer weniger Begeisterung aus, vor allem aber besitzt er immer weniger dramatische Qualitäten, und das, obwohl sich diese Sportart gerade wegen ihres Aufführungscharakters so großer Beliebtheit erfreut, wegen der einzigartigen Spielverläufe und ihrer unverwechselbaren Charakterköpfe. Heutzutage sind die Spielverläufe meist austauschbar und nur schwer voneinander zu unterscheiden, und deshalb besitzen sie höchst selten das, was ein Buch, einen Film, ein Drama oder ein Musikstück in meinen Augen ausmacht: ein Echo, einen Widerhall. Wer erinnert sich denn noch in allen Einzelheiten an das Finale der letzten Weltmeisterschaft? Ich jedenfalls nicht, dagegen hat sich das 3:2 von Italien gegen Brasilien 1982 in Barcelona – um nur ein Beispiel und noch nicht einmal ein Finale zu nennen – unauslöschlich in mein Gedächtnis eingeprägt. In dieser ganzen langen Zeit erinnere ich mich mit derselben Präzision nicht an ein einziges Spiel der spanischen Auswahl. Deshalb verlange und erwarte ich diesmal lediglich, daß unsere Mannschaft mit einem 4:5

oder einem 2:3 gegen den Gegner verliert, den sich der hasen-
füßige Clemente dafür aussucht, und daß uns auf diese Weise
wenigstens ein paar Bilder auf der Netzhaut und ein paar starke Emotionen oder ein unbestimmtes Gefühl im Körper bleiben, die mehr oder weniger lang anhalten. Denn so alt wie ich
jetzt bin, wäre es völlig unerträglich, wenn die Weltmeisterschaft so eintönig und unbemerkt vorüberginge wie manchmal
vier Jahre im Leben eines erwachsenen Menschen.

1998

Die spanische Nationalmannschaft hat in ihrem eigenen Land eigentlich noch nie große Begeisterungsstürme ausgelöst, was im nachhinein ein Zeichen der Gesundheit ist und wofür man dem Fußballgott danken sollte (in diesem Fall Alfredo Di Stéfano, unserem wunderbarsten Spieler, glücklicherweise ein Ausländer, er stammt aus Argentinien). Es wäre allerdings allzu naiv anzunehmen, dieser Mangel an Begeisterung rühre ausschließlich daher, daß die Spanier den Patriotismus und den Nationalismus, jene Plagen des Altertums und der Neuzeit, verbannt hätten, wofür die nationalistische Terrorbewegung, die unter dem Namen ETA bekannt ist, den Gegenbeweis darstellt. Eher schon sollte man einen Teil des Verdienstes der Tatsache zuschreiben, daß die spanische Nationalelf in ihrer langen Geschichte selten wichtige Siege errungen hat: einen Europameisterschaftstitel 1962, eine Olympia-Medaille 1992, ich glaube, das war es schon, und beide Titel wurden in Heimspielen errungen. Nicht einmal der Sieg über die Sowjetunion im Finale in Madrid vor sechsunddreißig Jahren, in der Blütezeit des Franquismus, konnte jemanden begeistern, der damals nicht sowieso auf seiten Francos gestanden hätte. Vor sechs Jahren allerdings konnte man beunruhigt vernehmen, wie einhunderttausend Zuschauer im Stadion Camp Nou in Barcelona, wo der Begriff »Spanien« seit jeher einen schweren Stand hat, jenen Namen anstimmten, um ein paar blutjunge Fußballspieler anzufeuern, die heute das feste Rückgrat der Nationalmannschaft bilden. Und so bleibt die Frage offen, was geschehen würde, wenn diese Nationalmannschaft, die traditionell wankelmütig und unstet ist und weder einen eindeutigen Charakter noch einen Stil ausgeprägt hat, die sich wenigstens über ein paar Generationen hinweg gehalten hätten, eines Tages Fußballweltmeister würde. Ich glaube allerdings, daß diese Gefahr 1998 nicht besteht.

Schon immer dagegen haben die städtischen Vereine große Emotionen ausgelöst. Hier existiert sehr wohl eine lange Siegestradition, an deren Spitze der legendäre Verein Real Madrid steht, der sechsmal den Europapokal gewann und, während ich diese Zeilen schreibe, bereits als Anwärter auf den siebten Europapokalsieg gehandelt wird, zusammen mit Juventus Turin. Und gleich danach kommt Madrids Todfeind Barcelona, der zwar nur einmal Europameister wurde, dafür aber der einzige Verein ist, der nicht eine einzige europaweit ausgetragene Meisterschaft ausgelassen hat, nicht eine einzige.

Es ist einfach eine Tatsache, daß sich die Leute wesentlich mehr über die Siege ihrer jeweiligen Lieblingsmannschaft freuen als über die – immer nur teilweisen – Erfolge der Nationalmannschaft. Einer der Hauptbestandteile dieser Sportart oder vielleicht auch dieser öffentlichen Veranstaltung ist die Erinnerung oder, was auf dasselbe hinausläuft, die Tradition oder ihre dramatische Qualität. Die Fans von Atlético Madrid sind beispielsweise mehr noch als das, nämlich erbitterte Feinde von Real Madrid. Die *culés* oder Barcelona-Fans haben, wenn auch in geringerem Maße, ein ähnliches Problem wie die Anhänger von

Espanyol im Hinblick auf Barça, Gegner ihrer eigenen Stadt, oder wie die Fans von Betis im Hinblick auf Sevilla. Solche Auswüchse wären kaum zu verstehen, gäbe es nicht eine lange Reihe gemeinsam erlittenen Unrechts und Neids, gemeinsam erlittener Niederträchtigkeiten und Frechheiten, demütigend hoher Niederlagen und in letzter Minute verlorener Spiele, als Affront aufgefaßter Überlegenheiten und Enttäuschungen, die sich in manchen Fällen über Jahrzehnte erstreckten.

Später kam das Real Madrid meiner Kindheit, mit jenem Sturm, der sich aus dem Franzosen Kope, dem Uruguayer Rial, dem Argentinier Di Stéfano, dem Ungarn Puskas und dem Spanier Gento zusammensetzte, einer sichtlich kein bißchen patriotisch angehauchten Truppe. In dieser Hinsicht war das damals auch Barcelona nicht, mit seiner großartigen ungarischen Legion, die aus Kubala, Czibor und Kocsis bestand, letzterer ein äußerst melancholischer Spieler, der sich nach seinem Rückzug aus dem aktiven Fußball das Leben nahm. Die einzige Mannschaft, die gleichzeitig gute Fußballer aufzuweisen hatte und »unverfälscht« geblieben ist – fast im Sinne von »rassenrein« –, war Athletic Bilbao, ein Verein, der nicht nur noch nie einen Ausländer in die Mannschaft aufgenommen hat, sondern auch noch nie jemanden, der nicht im Baskenland oder in Navarra geboren worden wäre. Man muß ihm zugute halten, daß der Verein nie in die Zweite Liga abgestiegen ist, und das ohne fremde oder fremdländische Hilfe, aber man kann sich bei dieser hochfahrenden Verpflichtungspolitik eines leicht rassistischen Eindrucks nicht erwehren.

Die spanische Auswahl ist davon völlig frei: Es existieren keine unauslöschlichen Erinnerungen an sie, keine vehementen Gegner, keine großen Sagen oder außergewöhnlichen Aufstiege, an ihr ist nichts Episches, wenig Poesie und fast überhaupt keine Dramatik, die doch den grundlegenden Bestandteil des Fußballs darstellt, etwas, das ihn eine größere Nähe zum Theater erreichen lassen kann als jede andere Sportart. Es hat zugegebenermaßen einige Niederlagen gegeben, doch diese werden rasch wieder vergessen, wenn sich der Stolz der gesamten Bürgerschaft nicht allzusehr an denen festmacht, die sie erlitten haben. Dieses Jahr hat die Presse, keiner weiß warum, beschlossen, daß man nichts weniger als den Weltmeistertitel anstreben sollte: kein Wort von »für uns zählt jedes Spiel«, »wir versuchen, so weit wie möglich zu kommen«. Also, ich weiß nicht. Der Trainer, Clemente, der von Athletic Bilbao kommt und den angeblichen Prototyp alles Baskischen verkörpert, stellt mit größter Präzision den perfekten Prototyp des schlimmsten Spaniers dar: unsympathisch, unverschämt, überheblich, großtuerisch, fremdenfeindlich und in seiner Wortwahl höchst nachlässig. Die Rechten beten ihn an, die Linken mißtrauen ihm so sehr, daß die schärfsten unter ihnen sich über die Niederlagen dieser Nationalmannschaft freuen. Nur gut, daß die Spieler einen besseren Eindruck hinterlassen. Aber sehen Sie es sich doch an: Diesmal spielen in der Auswahl acht Spieler aus Barcelona und nur drei von Real Madrid, dem Verein, dem Clemente erklärtermaßen feindselig gesonnen ist. Und so hege ich die starke Befürchtung, daß wir *merengues* das Gefühl haben werden, dieses »Spanien« repräsentiere uns nicht; schlimmer noch, wir werden das Gefühl haben, Barça anzufeuern und zu bejubeln – wenn wir das denn täten –, in rotblauer Verkleidung, was ja im Grunde die Farben seines eigenen Trikots sind, nur in anderer Verteilung. Und das wäre doch ein bißchen viel verlangt. Mir scheint, daß auch dieses Jahr »Spanien« nicht die Mannschaft aller Spanier sein wird. Aber gut, das fehlte uns gerade noch.

1998

Bei dieser Weltmeisterschaft sind traditionslose oder weniger starke Mannschaften zu beobachten, die ein recht ordentliches Bild abgeben: Kamerun, Marokko, Jamaika, Iran, sogar die USA lassen den Ball laufen, haben einen vernünftigen Spielaufbau und tauchen sogar gefährlich nahe am gegnerischen Strafraum auf. Beim Torschuß dagegen hapert es. Das ist überraschend, aber völlig befremdlich ist es nicht. Schon seit geraumer Zeit haben selbst in den großen Mannschaften wie Real Madrid oder Inter Mailand, Juventus Turin oder FC Barcelona einige Spieler mit derselben Schwäche zu kämpfen. Früher einmal beherrschten den Torschuß, den richtigen Torschuß, alle Spieler, von der Nummer 2 bis zur 11. Mehr oder weniger gut zwar, doch wenn es darauf ankam, konnten ihn alle anstandslos ausführen. Er stellte gewissermaßen die Grundlage für das dar, was das Spiel ausmachte. Sogar auf dem Schulhof: Wer den Ball immer wieder über die Mauer schoß – so ein Ball war teuer –, durfte einfach nicht spielen. Für eine so absurde Entwicklung kann es nur eine Erklärung geben: Die Trainer legen mittlerweile einen so großen Wert auf die Funktionen und speziellen Aufgaben der einzelnen Spieler, daß sie es nicht weiter schlimm finden, wenn sechs oder sieben ihrer Schützlinge nicht die geringste Ahnung davon haben, wie man richtig aufs Tor schießt; es ist, als setzten sie voraus, daß sie das niemals tun würden, oder als wäre es einigen von ihnen regelrecht verboten worden. Das würde möglicherweise die allzu häufigen Fälle erklären, in denen heutzutage im Fußball ein Spieler eine wunderbare Torchance ungenutzt verstreichen läßt und statt dessen den Ball riskant an einen anderen, nicht unbedingt besser postierten Mann abspielt, wodurch er der gegnerischen Verteidigung oder dem Torwart unweigerlich ein paar Sekunden Zeit zur Reaktion oder zur Neuordnung gibt. Hunderte von Toren kommen deshalb nicht zustande, weil abgewartet wird, weil man Angst vor dem Torschuß hat, wer weiß, ob so mancher Verteidiger dabei nicht gegen einen Befehl verstoßen und sich trotz eines Tors einen Verweis einhandeln würde, nur weil er die Anweisungen nicht befolgt hat. Ich sehe darin ein weiteres Anzeichen für den Verfall dieses Sports. Oder vielleicht ist es auch einer der schädlichen Einflüsse des Basketballs auf den Fußball. Wenn ein Mittelfeldspieler oder einer, der gute Pässe gibt, jetzt schon als »Aufbauspieler« bezeichnet wird, braucht man sich nicht wundern, wenn das Tor demnächst als »Korb« bezeichnet wird. An diesem Tag werde ich von der Bildfläche verschwinden.

Vielleicht liegt es ja daran, daß ich mir so viele Weltmeisterschaften angesehen habe, aber schon bei Spielbeginn habe ich das Gefühl, daß ich alles bereits gesehen habe. Wir werfen den Spaniern immer wieder vor, sie hätten noch keinen wiedererkennbaren und markanten Stil. Aber die bloße Nachahmung oder das Kopieren von traditionellen Stilen, der Gemeinplatz also, ist vielleicht noch ärgerlicher. Deutschland spielt wie Deutschland (langweilig, aber hartnäckig) und England wie England (rüde, dabei aber schlagkräftig, im nachhinein jedoch unzureichend); Frankreich wie Frankreich (spielstark, aber ohne Biß) und Italien wie Italien (zäh, clever, risikoscheu und aufs Glück bedacht); Argentinien wie Argentinien (überheblich und ängstlich, beides zugleich) und Brasilien wie Brasilien (verspielt und ein bißchen hohl). Dasselbe gilt auch für die weniger berühmten Mannschaften: Schottland (grob und mit einem Talent, früher einmal war es Strachan, heute ist es Burley) oder Österreich (nichtssagend und leicht zu vergessen) oder Holland (große Hoffnungen und wenig Glück) oder Belgien (ein einziges Gähnen). Sogar das etwas jüngere Kamerun ähnelt sehr dem Kamerun der ersten Stunde. Ich bedaure es, Salz in die Wunde streuen zu müssen, aber Nigeria ist, glaube ich, das einzige Team, dessen ich bis heute nicht überdrüssig geworden bin. Schade, daß mich seine bisherigen drei Tore nicht restlos aufzuheitern vermochten, da halfen auch die anschließenden Tänze nichts.

Genauso, wie man jemanden lediglich bestimmte Schriftsteller loben hören muß, um sicher zu sein, daß dieser Jemand nichts von Literatur versteht, reicht es auch schon, Leute zu hören, die bei Brasilien prinzipiell aus dem Häuschen geraten, um zu dem Schluß zu gelangen, daß diese Leute von Fußball keine Ahnung haben. Manche Kommentatoren zerfließen förmlich, sobald sie sehen, wie Cafú in der Mitte des Spielfelds einen völlig ungefährlichen Ball stoppt: »Was für ein Ballgefühl, es ist unglaublich.« Solche Bauernfänger sollten auf der Stelle entlassen werden.

Frankreich wird seine eigene Weltmeisterschaft nicht gewinnen. Wie ich das jetzt schon wissen kann? Weil niemals eine Mannschaft mit einem Torwart gewinnen wird, der auf elegant macht oder keinen Stil hat. Jener wild herumhüpfende Fettwanst, Jongbloed, war nicht auf der Höhe der holländischen Mannschaft mit Cruyff, die zwei Endspiele verlor. Auch jener hysterische Schwede namens Ravelli bot kein gutes Bild. Ganz zu schweigen von dem Mexikaner Campos mit seinem Supermaus-Trikot, oder von dem Paraguayer Chilavert, dessen Schädel an den Rausschmeißer von nebenan erinnerte, oder von dem Kolumbianer Higuita, der aussah wie aus *Die drei Musketiere*. Die Spieler können herumlaufen, wie sie wollen, nur der Torwart nicht. Seine Erscheinung muß Würde ausstrahlen, nicht nur, um Respekt zu gebieten, sondern vor allem, damit sein vorwurfsvoller Blick bei dem Stürmer, der ihn bezwungen hat, tatsächlich bleibende Spuren hinterläßt und ihm das Gefühl gibt, einem Mann von Würde ein Unrecht angetan zu haben, das dieser nicht verdiente. Nichts dagegen ist schöner, als einer lächerlichen Figur einen Ball hereinzuhauen. Ramallets, Iríbar und Zubizarreta sind würdige Vertreter ihrer Zunft: Dieses Element stellt eine notwendige Voraussetzung dar, ist aber nicht ausreichend. Der derzeitige französische Torwart, Barthez, fordert es geradezu heraus, daß man ihn öffentlich bloßstellt. Und das schlimmste an ihm ist nicht etwa seine gelehrte Glatze oder sein millimetergenau gestutztes Kinnbärtchen, auch nicht seine völlig übertriebene Art. Das schlimmste ist der kurzärmelige und charakterlose Pullover, den er so lässig trägt. Er sieht aus wie die sommerlich gekleidete Karikatur eines Existentialisten, wie der Hofnarr oder Helfershelfer jenes Winterwesens namens Beauvoir-Sartre.

1998

An der Spitze der FIFA (und nichts geringerem: des Welt-
fußballs) steht ein Demagoge namens Blatter, wahrscheinlich
der Strohmann eines anderen Demagogen, nämlich seines
ewigen Vorgängers Havelange. Die Weltmeisterschaft verlief
ohne größere Skandale und Unannehmlichkeiten, bis diese
Kasperlefigur Blatter sah, wie ein völlig harmloses Foulspiel an
Ronaldo ungestraft blieb. Tags darauf sagte er zu seinen
Schiedsrichtern: Ich will, daß mehr Leute vom Platz gestellt
werden. Und die Leibeigenen haben es, gehorsam und rück-
gratlos, wie sie sind, seither fast zu einem Ding der Unmög-
lichkeit werden lassen, daß ein Spiel mit allen zweiundzwanzig Spielern auf dem Spielfeld endet, was bedeutet, daß keine
unbeeinflußten Spiele mehr stattfinden. Bei jeder Begegnung,
insbesondere aber bei den wichtigen, mußte erst etwas wirklich Schlimmes geschehen, bevor man einen Spieler vom Platz
stellte. So war es früher jedenfalls. Daß ein Spieler vom Platz
gestellt wurde, war die Ausnahme, war selten, anomal, auffal-
lend, und es mußte einen triftigen Grund dafür geben, gegen
den niemand etwas einwenden konnte. Jetzt verlangt diese
Marionette, daß es zur Regel werde, und wenn gerade kein
Anlaß dafür besteht, so möge man einen erfinden. Völlig klar,
daß dieser Mann von Fußball keine Ahnung hat. Er kapiert
nicht, daß elf gegen zehn, oder sogar gegen neun, nicht etwa
ein Fußballspiel ist, sondern eher einer Belagerung oder dem

Schleifen einer Festung gleichkommt, Szenen, auf deren Anblick die Leute gut verzichten können. Die Strohpuppe hat sich in höchst anmaßender Weise auch noch herausgenommen, ihre eigene Direktive zu rühmen: »Bei diesen Vorgaben hätte sich Van Basten nicht vorzeitig aus dem aktiven Fußball zurückgezogen.« Immer wieder bedienen sich die Demagogen spitzfindiger Argumente. Ein hartes Foulspiel kann einem Spieler eine bleibende Verletzung zufügen, es kann ihn aber auch mit dem Schrecken davonkommen lassen. Auf dem Rasen umknicken, ohne daß der Ball im Spiel ist, kann genau dieselben Folgen haben. Woher soll man wissen, ob Van Basten beim nächsten Spiel, bei dem nach seinem letzten, nicht vielleicht auf dem Rasen umgeknickt wäre?

Mit diesen Maßnahmen trifft man, als wären sie nicht schon genug benachteiligt, die weniger starken Mannschaften. Jamaika, Tunesien und Kamerun werden in die Verteidigung gehen müssen, wenn sie gegen Argentinien, Deutschland oder Brasilien antreten. In der Verteidigung – wenn man nicht im Ballbesitz ist – besteht eine höhere Wahrscheinlichkeit, ein Foul zu begehen als beim Angriff – wenn man also im Ballbesitz ist. Diese Mannschaften sind dazu verdammt, daß ihre Spieler vom Platz gestellt werden, was ja auch bereits geschehen ist. Wo im Fußball immer die größten Überraschungen möglich waren, werden sich diese jetzt kaum noch ereignen können, wodurch sein Ende noch ein Stück näher rückt, und dafür sind diejenigen verantwortlich, die am meisten Nutzen aus ihm ziehen. (Man darf nicht vergessen, daß ein wirklich guter Spieler sich auch dadurch auszeichnet, daß er einem Foul ausweichen kann: weder Di Stéfano noch Pelé noch Cruyff, Puskas, Charlton oder Beckenbauer erlitten je schlimmere Verletzungen. Und das nicht etwa, weil die Gegner Respekt vor ihnen gehabt hätten.)

Kamerun spielt am Ende immer mit weniger als elf Mann und bekommt Tore aberkannt. Marokko scheidet durch einen Strafstoß aus, der bei einem wichtigen Spiel gegen eine Mannschaft wie Brasilien niemals gepfiffen worden wäre. Jamaika und Japan halten so lange ein 0:0, bis sie schließlich die Unterlegenen sind. Das Land, das die Spiele organisiert hat, Frankreich, spielt in einer Gruppe ohne einen einzigen gefährlichen Gegner und tritt jetzt gegen Paraguay an, ein Segen. Deutschland trampelt auf den Jugoslawen herum, aber die neuen Spielregeln gelten nicht für die Reichen. Die Armen ziehen den Kopf ein, fügen sich in ihr Schicksal und treten ab. Sie finden es toll, daß man sie immerhin zum Begrüßungsschluck eingeladen hat. Spanien hat noch nicht einmal mitbekommen, wie man sich werbewirksam als reiches Land präsentiert.

Der große Raymond Kopa, der alte, aus Frankreich stammende Madrider Außenstürmer, hat es in aller Deutlichkeit gesagt: »Ronaldo täte gut daran, seine Strategie zu überarbeiten; ich finde sie manchmal ein bißchen plump.« Ronaldo ist kein ganz Großer, trotz des weltweiten, massiven Werbefeldzugs. Nach drei Spielen hat er nur ein einziges Tor geschossen, genau wie Raúl, nur daß dessen Tor wesentlich spektakulärer war. Nicht ein einziges Mal hat Ronaldo wirklich zu begeistern vermocht. Er ist kraftvoll und schnell, schießt viel und nicht immer gut, dabei allerdings häufig genug, um leicht ein paar Tore zu erzielen, selten aber sind seine Treffer wirklich genial. Er liefert auch schon mal scheußliche Spiele, aber die werden ihm nicht angerechnet. Auf den wichtigsten Grund dafür, warum er kein großer Spieler ist, hat Kopa hingewiesen: Er ist nicht intelligent; oder vielleicht denkt er nicht nach und agiert bloß. Nur Dummköpfe können ihn mit Di Stéfano, Pelé, Cruyff oder Maradona vergleichen. Oder mit Van Basten. Oder sogar mit Romario. Oder gar mit Bettega, an den sich schon fast niemand mehr erinnert. Mit den Jahren, wenn er seine Schnelligkeit einbüßt, könnte er am Ende an Juanito erinnern. An Juanito Gómez, ganz genau, allerdings eine Nummer größer.

Die dämlichste unter den dämlichen Äußerungen, die Javier Clemente vor seinem scheinheiligen Freund vom Radio von sich gab, der ihn, nachdem wir ausgeschieden waren, eine geschlagene Stunde lang verschwitzt in einen Garten gesperrt und seine Benommenheit ausgenutzt hatte, war folgende: »Ich will das Wort Katastrophe nicht hören. Wer so viel gearbeitet hat, erlebt keine Katastrophe.« Wenn der Fußball auch keine Kunst im eigentlichen Sinn ist, so kommt er ihr doch sehr nahe. Und in der Kunst zählt weder Mühe noch guter Wille. Mozart gelangen fast mühelos geniale Kunstwerke. Viele Fleißarbeiter produzieren nur Mittelmaß. Erfolg oder Mißerfolg hängen nicht von der Entschlossenheit, der Redlichkeit, der Beharrlichkeit oder von der Größe der Aufgabe ab. Wenn jemand all das mitbringt, um einen Film zu drehen oder ein Buch zu schreiben, und das Ergebnis ist schwach, dann sollte ein anderer diesem Künstler sagen: »Hör auf, deine Zeit zu verschwenden. Die Erfolgreichen kann auch keiner leiden, darum geht es nicht. Na los, probier's mit etwas anderem.«

1998

Die ungeheure Wut über das Ausscheiden unserer wenig nationalistischen Nationalmannschaft hat verhindert, daß ein paar wirklich schöne Einzelheiten ihrer Vorstellung gebührend gewürdigt worden wären, nicht nur Spielzüge, sondern auch gestische Einlagen, die man neuerdings häufiger sieht und die offenbar an Bedeutung gewinnen. So lagen sich, als Spaniens letztes Spiel beendet war, Zubizarreta, der künftig nicht mehr spielen wird, und Hierro, der lange genug dabei ist, um Verständnis für Abschiedssituationen aufzubringen, innig und gerührt in den Armen. Die Häufigkeit, mit der sich zwei Fußballspieler umarmen, hat für Zuschauer, die sich eher selten Fußballspiele ansehen, fast etwas Obszönes. Außerdem werden bei den Gefühlsäußerungen heutzutage die Torschützen oft förmlich plattgemacht (weshalb mancher unter ihnen versucht, seine Kameraden abzuschütteln, indem er um sich schlägt und in Richtung Bande flüchtet, unter dem Vorwand, einem befreundeten Ersatzspieler oder dem Mann mit der Wasserflasche, die dann an seiner Stelle verdroschen werden, das Lob für seine Heldentat zukommen zu lassen). Die Umarmung von Zubizarreta und Hierro war also etwas ganz Besonderes: Sie war nicht voll überschäumender Freude, sondern voller Trauer, sowohl über die Niederlage als auch über den Abschied eines der beiden. Auch war darin eine stille Suche nach gegenseitigem Trost zu erkennen und ein endgültiger

Waffenstillstand, denn der Torwart und der Verteidiger haben stets in gegnerischen Mannschaften gekämpft. Der Fußball hat so vieles mit dem Kino gemeinsam, daß ich an *Die Duellanten* denken mußte, jene Verfilmung einer Erzählung von Joseph Conrad, in der sich zwei Offiziere unter Napoleon jahrelang bekämpften, um – lange vor dem Ende des Films – zu begreifen, daß Tod, Rückzug oder Kapitulation des einen mit ziemlicher Gewißheit das Aus für beide bedeutet hätte. Beide hätten sich gegenseitig verteidigt gegen einen Dritten, mit dem keiner je ein Bündnis eingegangen wäre oder gemeinsame Sache gemacht hätte. Alten Feinden sollte man fast ebensoviel Aufmerksamkeit schenken wie Freunden. Natürlich nur denen unter ihnen, von denen man direkt angegriffen worden ist, ohne Mittelsmänner oder Berufskiller. Davon gibt es heutzutage nur noch wenige.

Eines der schönsten Tore der Weltmeisterschaft ist unbemerkt geblieben und hat am allerwenigsten Jubel hervorgerufen: das sechste Tor Spaniens gegen Bulgarien, das Kiko so lässig und abgeklärt geschossen hat, daß es eine geniale Eleganz entfaltete. Auch die darauffolgende gestische Einlage war nicht zu verachten, als weigerte er sich, wegen einer solchen Nichtigkeit, die fast ohne ihn zustandegekommen zu sein schien, in Jubel auszubrechen.

Durch Gesten lernt man wenig über den Spieler, sehr viel dagegen über den Menschen. Luis Enrique ist ein so schlechter Verlierer, daß er zusammenzuckt und vor Wut aufheult. Owen rannte mit einem vor Freude strahlenden Siegergesicht über den Platz, nachdem er einen Elfmeter gegen Argentinien verwandelt hatte, obwohl damit noch gar nichts gewonnen war und die Spannung sich gerade auf dem Höhepunkt befand: Er hat sich seine Unschuld und die kindliche Freude über die kleinsten Details des Erfolgs bewahrt. Der unangenehmste Fußballspieler ist wohl Dugarry, der glücklicherweise auf der Ersatzbank verschimmelt: Er lieferte nach seinem Tor mit herausgestreckter Zunge und kreisenden Armen eine wirklich peinliche Vorstellung. Und an eine weitere seiner unentschuldbaren Unarten erinnere ich mich: Als Barça einmal drei Tore im Rückstand war, sprang er aufs Spielfeld und lachte sarkastisch, als ginge ihn das überhaupt nichts an; als *culé* hätte ich seinen sofortigen Ausschluß aus der Mannschaft gefordert. Ein Spieler, der die symbolische Bedeutung seiner Profession nicht versteht und nichts mit ihr anzufangen weiß, sollte den Beruf wechseln. Bei einem Rückstand von drei Toren darf sich niemand erlauben zu lachen.

Es ist ein himmelschreiendes Unrecht, daß so viele Spieler vom Platz gestellt werden. Das Spiel England gegen Argentinien war in der ersten Halbzeit so aufregend, daß es in einer anderen Weltmeisterschaft stattzufinden schien, spielfreudig, ambitioniert, mit Mut zum Risiko, so wie alle Spiele sein sollten. Der Schiedsrichter jedoch konnte einen solchen Überfluß, der die anderen fünfundfünfzig Begegnungen in schlechtem Licht erscheinen ließ, nicht zulassen. Und so nutzte er ein winziges Foul Beckhams dazu, Englands Mannschaft auf zehn Spieler zu reduzieren und damit die zweite Halbzeit und die Verlängerung typisch für diese Weltmeisterschaft werden zu lassen – nämlich ruppig und spröde. Hätte er Beckham etwa nicht vom Platz stellen sollen, als er sah, wie dieser die Wade des wirklich nicht zimperlichen Simeone streifte? Genau das meine ich, und ebenso hätte der Holländer Kluivert, der einem Gegner gegenüber nichts weiter als eine nachlässige Handbewegung gemacht hatte, bei seinem ersten Weltmeisterschaftsspiel auf dem Platz bleiben müssen. Heutzutage nennen Leute, die niemals Fußball gespielt haben und bloß darüber reden, so gut wie alles eine »aggressive Handlung«.

Das wiederholte Glück der Argentinier, das wieder einmal das Aus für England bedeutete, scheint fast kommentarlos hingenommen zu werden. Ich glaube, es war Chamot, der im Strafraum einen Ball mit der Faust wegschlug, und Blatters Knecht tat, als hätte er nichts gesehen. Das geschah in der Verlängerung. Und deshalb müssen wir uns jetzt mit einer ledernen und verstolperten Mannschaft abfinden und auf England verzichten, das zum erstenmal seit langem vier sehenswerte Spieler aufgestellt hatte: Anderton, Owen, Scholes und den tolpatschigen Beckham, dem wir seine Patzer kaum verzeihen können.

Eine letzte Einlage noch: Der Trainer Passarella, der sich nach dem Ende des knapp gewonnenen Spiels auf dem Rasen wälzt. Mit Jakett und Krawatte. Wer Redondo wegen seiner langen Haare zurückgewiesen hat, darf sich so etwas nicht erlauben. Ich kann nur hoffen, daß Argentinien nicht noch ein Spiel gewinnt, schon damit ich nicht noch einmal einem angeblich stahlharten Mann dabei zusehen muß, wie er sich hysterisch auf dem Boden wälzt (er schien dringend einen Exorzisten zu brauchen). So ein Nervenbündel.

1998

FÜNF EIGENTORE MIT LINKS

Als ich noch sehr jung war und glaubte, ein Ziel der Presse sei es, zur Verbesserung der Welt beizutragen, schrieb ich an eine Sportsendung im Radio, und forderte zu einem Feldzug gegen den alten spanischen Brauch auf, daß bei gleichem Punkteverhältnis in der Liga der bessere Trefferquotient den Ausschlag gibt. Damals nannte man das *goal-average*, was von den Spaniern »golaverache« ausgesprochen wurde. Dies, sagte ich, begünstige defensives Spiel, da es sich besser rechne, wenige Tore zu kassieren als viele zu schießen. Vernünftiger sei es, wenn nur die schlichte Tordifferenz den Ausschlag zur einen oder zur anderen Seite gebe. Ein paar Tage lang hörte ich mir die Sendung an, um zu überprüfen, ob mein bescheidener Vorschlag dort ein Echo fände. Aber keine Spur davon. Heutzutage allerdings zählt genau das, was ich damals vorschlug, und so wage ich es jetzt, einen weiteren Vorschlag zu machen: Wenn eigentlich niemand damit zufrieden ist, daß Spiele durch Elfmeterschießen entschieden werden (schon gar nicht dann, wenn es dabei um einen Titel geht wie 1994), dies aber allgemein dem Losverfahren vorgezogen wird, weil es immerhin mehrere Spieler einbezieht und eine Spielvariante darstellt, wäre es vielleicht gar nicht so dumm, wenn unentschiedene Spiele durch direkte Freistöße entschieden würden. Da es bei dieser Art des Freistoßes seltener zu Toren kommt, sollte es eigentlich ausreichen, daß eine Mannschaft scheitert und die andere nicht, um letztere zum Sieger zu erklären. Es würde ein wenig emotionaler und gerechter zugehen; alle zweiundzwanzig Spieler stünden auf dem Feld und würden sich auf die eine oder andere Weise am Spiel beteiligen; es käme ein kollektives Moment hinzu, worum es ja gerade geht, eines, das dem Fußball entspricht. (Ich weiß schon, daß man nicht auf mich hören wird, aber warten wir es ab.)

Das Ende der Weltmeisterschaft steht kurz bevor, und ich stecke in der Klemme. Im ersten Artikel dieser mit links ausgeführten Serie sagte ich voraus, Frankreich werde wegen seines Torwarts Barthez nicht gewinnen; denn er trage Kinnbart und so wenig stilvolle Ärmel, daß er in seinen Gegnern förmlich den Wunsch wecke, ihn zu demütigen. Bis jetzt hat er nur zwei Tore kassiert, und eins davon war ein Elfmeter. Seine Mannschaft steht einen Schritt vor dem Titelgewinn, und sollte ihr dies gelingen, werden meine seherischen Gaben, auf die man nach dem Sieg von Real Madrid gegen Juventus Turin einiges geben durfte, in Mißkredit geraten. Der Gegner heißt Brasilien, dessen Spiel mir nicht gefiel, viel weniger aber noch die leicht überhebliche Art seiner Stars. Doch in einem Endspiel kann man unmöglich unparteiisch bleiben, das liefe den Gesetzen des Fußballs ebenso zuwider wie dem Spaß am Spiel. Grundsätzlich neige ich den Europäern zu, eben weil es Europäer sind. Aber wenn ich an Barthez, den Existentialisten, und an meine Prognose denke ... Hoffentlich spielt Lama, der Ersatztorwart.

Wahrscheinlich habe ich mit mehr oder weniger großer Aufmerksamkeit achtzig Prozent der Spiele dieser Weltmeisterschaft verfolgt. Nur drei davon haben mich wirklich berührt: Spanien gegen Nigeria (möglicherweise aus niedrigen Beweggründen), Argentinien gegen England sowie Brasilien gegen Dänemark. Drei von insgesamt siebzig. Der Fußball, grundgütiger Himmel, ähnelt allmählich dem Stierkampf, zumindest in den Augen der Kenner. Einer von ihnen, mein Freund Alberto González Troyano, pilgert von tiefer Skepsis durchdrungen von einer Stierkampfarena zur nächsten. Ich habe gesehen, wie er an einem Abend, an dem das Publikum einen Matador oder sogar zwei Matadore auf den Schultern aus der Arena trug, gähnend herumsaß und den Frauen auf die Beine schaute. Am Ende, wenn ich ihn fragte, wie es ihm gefallen habe, antwortete er: »Vergiß es.« Und wenn er großzügig war, lautete seine Antwort: »Ganz nett. Ein schöner Moment, als Antoñete auf den Stier zuging.« Oder so: »Rincóns Tuch hat einen Augenblick lang genauso in der Luft geschwebt wie das von Ordóñez. Nichts besonderes, nur ein kurzer Moment.« Einzelheiten. Vielleicht werde ich langsam älter, aber beim Fußball reicht mir jetzt manchmal schon *ein* Zweikampf, *ein* unvorhergesehener Paß, *ein* herausragendes Tor, wie zum Beispiel von Owen, Bergkamp oder Kiko. Früher einmal konnte man mit allem zusammen zufrieden sein, mit dem gesamten Spiel, und dabei waren es manchmal so viele Einzelheiten, daß man sie gar nicht erst auflistete oder sie wie Kostbarkeiten aufbewahrte. Und trotzdem sehe ich mir immer wieder Spiele an, wie die Liebhaber des Stierkampfs sich Stierkämpfe ansehen. Ich glaube nicht, daß es allein an mir liegt. Auch nicht an mangelnder Aufmerksamkeit durch die Medien oder an den Zuschauern, nie zuvor wurde der Fußball so gehätschelt. Auch das Geld kann es nicht sein, nie zuvor ist so viel ausgegeben und so viel mit diesem Spiel verdient worden. Wer also ist schuld an dieser stierkampfähnlichen Dürftigkeit? Wer hält die Pipette in der Hand? Es kommt immer weniger heraus.

1998

Wenn die Zwillinge De Boer ihren Verein Ajax Amsterdam in ein paar Monaten verlassen können, um bei FC Barcelona anzufangen, der schon sehnlich auf sie wartet, könnte die Aufstellung dieses traditionsreichen Aushängeschilds des katalanischen Nationalismus, dieses Extra-Klubs, möglicherweise so aussehen: Hesp (Holländer), De Boer I (Holländer), Giovanni (Brasilianer), Reiziger (Holländer), De Boer II (Holländer), Rivaldo (Brasilianer), Cocu (Holländer), Zenden (Holländer), Anderson (Brasilianer) und Kluivert (Holländer). Auf der Bank könnten Baia (Portugiese), Pellegrino (Argentinier), Figo (Portugiese), Amunike (Nigerianer) und bestenfalls Sergi und Guardiola sitzen (Spanier oder Katalanen, ganz wie Sie wollen). Unter den Stammspielern wären dann acht Holländer und drei Brasilianer, wobei von ersteren die Mehrzahl vom selben Klub kommt, nämlich Ajax Amsterdam. Denken wir daran, daß auch der Trainer Van Gaal (Holländer) von dort kommt und daß sein Assistent Koeman heißt (Holländer). Wäre Cruyff der Vereinspräsident – was andererseits durchaus wünschenswert wäre –, würde Barça am Ende vielleicht in der niederländischen Liga spielen.

Ich bin wohl einer der am wenigsten nationalistisch und patriotisch gesinnten Menschen, die man sich vorstellen kann; um Leute bewundern zu können, sie zu mögen, ihnen meine

Freundschaft, meine Treue und sogar – ich war schon oft mit Ausländerinnen zusammen – meine ewige Liebe anzubieten, brauche ich nicht zu wissen, woher sie stammen. Die Personalpolitik von Athletic Bilbao hat mich noch nie restlos überzeugt, besonders nicht in letzter Zeit, seit sie von ein paar Trittbrettfahrern einen nationalistischen und rassistischen Anstrich bekommen hat, und das, obwohl sie früher überhaupt nicht so wirkte und schlicht bewundernswert war. Es wäre für unseren Fußball wirklich schade gewesen, hätten wir auf Di Stéfano, Kempes und Maradona (Argentinier), auf Puskas, Kubala, Kocsis und Czibor (Ungarn), auf Mendonça (von dem ich nicht weiß, woher er stammt, aber gewiß nicht von hier), auf den Deutschen Netzer und seinen Landsmann Schuster und selbstverständlich auf Cruyff verzichten müssen. Und ich bin ein Anhänger des Bosman-Gesetzes, das jedem Fußballklub der Europäischen Gemeinschaft die Möglichkeit gibt, einen Spieler genauso unter Vertrag zu nehmen wie andere einen Lehrer, einen Angestellten oder jeden x-beliebigen Experten.

Aber daß man etwas machen *darf*, bedeutet nicht, daß man es auch machen *soll*; die Möglichkeit besteht zwar, aber zwingend ist sie nicht; daß es legal ist, bedeutet nicht unbedingt, daß es ratsam oder legitim ist. Es gäbe unzählige Beispiele dafür, wie in unserer Zeit das Erlaubte mit dem Zwang verwechselt wird, vor allem hierzulande. Doch heute, zu Beginn dieser Saison, da wir Fans ratlos und desinteressiert sind, möchte ich mich auf den Fußball konzentrieren. Ich weiß von vielen Barcelona-Fans, daß sie ziemlich verärgert sind. Es ist eine Sache, daß die Mannschaften mit guten Spielern aus aller

Herren Länder gestärkt werden, Spieler, die sich mit der Zeit einfügen und einer nach dem anderen von den Fans adoptiert werden, ganz besonders, wenn sich die nach und nach eintreffenden Neulinge mit denen, die bereits da sind, vermischen, wenn sie »ihr Erbe antreten«. Daß der Kern der Mannschaft aus dem eigenen Land kommen muß, ist keine Frage des Patriotismus, sondern eine Frage der Zweckmäßigkeit und mehr noch der Notwendigkeit, damit das Spiel lebendig bleibt und seine Prinzipien nicht verrät. Der Erfolg dieser Sportart ist auf ihr Gefühlselement zurückzuführen, das zugleich ihren Kern darstellt, und es ist schwierig, zehn oder elf bloße Gehaltsempfänger ins Herz zu schließen. Ein Spieler, der seit seiner Kindheit die Rivalitäten zwischen Madrid und Barça oder Athletic und San Sebastián oder Sevilla und Betis miterlebt hat, begegnet solchen Spielen mit einer Energie, die für einen Ausländer undenkbar ist. Nicht, daß mein Verein mit gutem Beispiel voranginge, aber immerhin spielen seine Ausländer (Roberto Carlos, Seedorf, Mijatovic, Suker, Karembeu, Panucci, Illgner, Savio) hier *zum erstenmal* im Ausland, und man kann sich wenigstens vorstellen, daß sie, zusammen mit Sanchis, Hierro, Raúl, Morientes und Guti Real Madrid sind. Unzulässig ist es dagegen, wenn die komplette Ajax-Elf das blaurote Trikot überzieht und sich auf diese Weise in Barça verwandelt. Ich frage mich nur, was Van Gaal noch zu tun hat, worin seine Arbeitsleistung besteht, wenn er doch nur sagt: »Holt mir die Mannschaft, mit der ich Meister geworden bin. Nur so könnt ihr es auch werden.« Wenn dieses Manöver scheitert, könnte er als nächstes fordern, daß Liverpool oder Juventus Turin komplett eingekauft werden. Ich als *culé* wäre niedergeschlagen und wütend. Ich bin es schon als *merengue*, weil ich in der Liga nicht Ajax oder Palmeiras besiegen möchte, sondern Barça. Allmählich fühlen wir alle uns auf den Arm genommen. Und während uns der letzte Rest Kindheit gestohlen wird, verkünden Zyniker wie Núñez, die Regierung sei schuld daran, daß in Spanien so viele Ausländer spielen. Seine Argumente sind zu peinlich, um hier wiederholt zu werden.

1998

Viele Jahre lang spielte ich auf der Seite von Barcelona, und es waren dies keineswegs bedeutungslose Jahre, sondern immerhin die meiner gesamten Kindheit, wobei sie für Jungen in meinem Alter genau in dem Moment endete, als wir das Spielen mit Kronkorken aufgaben, um uns statt dessen dem Billard und dem Flipper zu widmen.

Mein fast zwei Jahre älterer Bruder Fernando, der heute Kunsthistoriker ist, besaß ein handwerkliches Geschick, dessen ich mich nie rühmen konnte. Er brachte die Geduld auf, für die Meisterschaften, die wir in jeder Spielzeit täglich nach der Schule mittels Kronkorken austrugen, großartige Tore zu basteln, für die er drei Holzstäbchen mit winzigen Nägeln zusammenheftete, die zugleich als Aufhängung für ein Netz aus Gaze dienten. Wir kauften Stoffe in unterschiedlichen Farben und bemalten sie, soweit notwendig, mit den passenden Streifen. Aus dem Stoff schnitten wir kleine Vierecke aus und bezogen damit die Kronkorken, indem wir den Stoff unten mit der Korkscheibe festdrückten, die wir vorher behutsam herausgenommen hatten, damit keine Rückstände im Kronkorken blieben. Auf den Stoff klebten wir die Porträts der Spieler, die wir aus Sammelbildern ausgeschnitten hatten. Von meinem Bruder stammte die Idee, die Kichererbse, die uns als unkontrollierbarer Ball diente, gegen einen etwa gleich großen weißen Knopf auszutauschen, der sich als Ball viel besser eignete, da er flach war und nicht so herumhüpfte. Ich nehme an, ein solches Maß an Hingabe kann man sich heutzutage überhaupt nicht mehr vorstellen; jedenfalls stand uns im Laufe der Zeit der komplette Kader von acht oder zehn Mannschaften aus der Ersten Liga zur Verfügung. Beide waren wir schon immer Anhänger von Real Madrid gewesen, aber es bestand niemals auch nur der leiseste Zweifel daran, daß mein Bruder mit den Kronkorken unserer Lieblingsmannschaft spielen würde, da er der Ältere und der Erfinder des Ganzen war und außerdem die Tore bastelte.

Man kann sich also leicht vorstellen, daß mir aus den genannten Gründen nichts anderes übrig blieb, als mit Barça zu spielen: Es wäre einfach zu widersinnig gewesen, wenn ein und dasselbe Kind seine Geschicklichkeit in den Dienst zweier Gegner von solchem Kaliber gestellt hätte. Ich erinnere mich, daß seine zweite Wahl auf Espanyol fiel, und zwar um Di Stéfano die Treue zu halten, der nach seinem Ausschluß aus dem Team von Real Madrid merkwürdigerweise in Sarrià gelandet war. Ich dagegen mußte das Team von Atlético Madrid übernehmen, dem ich einen gewissermaßen angeborenen Widerwillen entgegenbrachte, und dazu noch Valencia, Betis … Unsere Liga war sehr eigenartig, denn meine Mannschaften traten niemals gegeneinander an, genausowenig wie die meines Bruders, was bedeutete, daß ich nicht einmal ausnahmsweise mit den Kronkorken von Real Madrid spielen durfte: So, wie ich niemals die Spielsteine von Barcelona aus der Hand gab, konnte ich auch nie über die von Madrid verfügen.

Es war ungefähr so, als wäre mir immer die Rolle des Bösewichts zugefallen, egal ob wir Cowboy und Indianer spielten,

Räuber und Gendarm, Alliierte und Nazis, Römer und Christen oder was sich, zumindest in jener Zeit, sonst noch an klassischen Gegensatzpaaren denken ließ. Glücklicherweise war mir der Unterschied zwischen Realität und Fiktion – oder Verstellung – durchaus bewußt, und so fiel es mir relativ leicht, den ganzen Tag über zu Madrid zu halten und mich über seine Siege zu freuen und in der halben oder dreiviertel Stunde, die jede Partie auf dem Holzfußboden dauerte, Barça-Anhänger zu sein. Kubala, Eulogio Martínez, Re, Evaristo, Suárez, Gensana, Vergés, Segarra, Ramallets, Olivella, Gràcia, Garay, Kocsis, Czibor, Villaverde (einer der wenigen, die Schnurrbart trugen, so wie Lesmes bei Madrid), Fusté, Zaldúa, Zaballa, Benítez, der Schwarze, der so plötzlich starb, jener vergessene Pujol, der so viele Tore schoß, Rifé, Rexach, Marcial, Sadurní, der große Mendonça, Pereda, Tejada, Eladio – sie alle waren in den unterschiedlichen Spielzeiten *meine* Spieler, und so galt ihnen, nehme ich an, meine ganze Verehrung, solange sie auf den Kronkorken zu sehen waren, während ich sie auf dem Spielfeld und in der Wochenschau als Feinde betrachtete. Und in den seltenen Fällen, in denen ein Fußballspieler von Barça zu Real Madrid wechselte (Tejada, Goywaerts), muß es mich wohl ziemlich geärgert haben, wenn ich die Gesichter dieser Spieler vom blau-rot-gestreiften Stoff abreißen und sie meinem Bruder aushändigen mußte, der sie seinerseits ohne viel Federlesens auf den weißen Stoff klebte. Natürlich verschaffte es mir im Zustand der Verwandlung größere Befriedigung, für Barça oder Atlético Siege zu erringen als etwa für Valencia oder Betis (Rangordnungen prägen sich rasch ein), auch wenn mich gerade die realen Niederlagen von Atlético und Barça am allermeisten aufatmen ließen und freuten. Aber freuten sie mich wirklich so sehr? Auf diese Frage möchte ich in meinem fortgeschrittenen Alter nicht näher eingehen; die Fähigkeit, ihre Gefühle aufzuspalten, ist vielleicht bei Kindern, selbst wenn sie in hohem Maße vorhanden sein sollte, nicht unbegrenzt.

Es lag wohl an jenem Abhängigkeitsverhältnis unter uns Brüdern, daß ich Barça gegenüber niemals Abneigung verspürte, und damals bezog der Verein, die Führungsspitze eingeschlossen, noch nicht in so prononciert demagogischer Weise Stellung gegen Madrid, und die Anhänger traten noch nicht mit so lautem Triumphgebaren auf. Wenn es etwas gab, das Barça für jemanden aus Chamberí sympathisch machen konnte, so war es seine »brüchige Moral«, wie man das früher nannte, sein unentschlossener und zerrissener Charakter, seine Neigung zur Depression und sein ungerade verlaufendes Schicksal, seine Furcht vor dem überwältigenden Sieg. Dies alles machte den Verein vielleicht theatralischer und komplexer als Real Madrid, Hamlet und Macbeth zugleich, irgendwie attraktiver für all jene Fans, die wir, wie alle, zwar den Sieg der eigenen Mannschaft herbeisehnen, doch nicht als Selbstzweck, nicht um jeden Preis. Es war eben nicht dasselbe, Kopa, Rial, Di Stéfano, Puskas und Gento gewinnen zu sehen wie etwa die fast lästigen Triumphe des Verteidigers Benito oder des Außenstürmers Juanito, Spieler, die wegen ihres Charakters einfach nicht nach Chamartín paßten, dagegen bei Metropolitano oder Manzanares echte Glücksfälle gewesen wären. Es war befriedigender, den Torwart Miguel Ángel gewinnen zu sehen, Del Bosque, Valdano oder Breitner, alles aufrechte Linke, wie die (wenigen) Spieler, welche die radikalen Fangruppen glauben ließen, Real Madrid sei ein fast faschistischer Verein. In dieser Hinsicht hatte Barcelona häufig beneidenswerte Spieler, für deren Wechsel zum weißen Trikot man gerne seine Sparbüchse geopfert hätte: Marcial war genial, und Guardiola ist es noch immer, und beide sind eifrige Leser. Cruyff bewies auf dem Spielfeld und anderswo eine solche Intelligenz, daß uns nicht einmal unser exzellenter Netzer in seiner besten Zeit zu trösten vermochte. Czibor und Kocsis, jene melancholischen und unzuverlässigen Ungarn, waren solche Künstlernaturen, daß letzterer von beiden sich, am Ende seiner Laufbahn und schon im Ruhestand, das Leben nahm. Ich glaube, seiner vollkommenen Tore wegen wurde er »Goldköpfchen« genannt. Und Ramallets besaß als Torwart eine solche Würde, daß, als er einmal einen herben persönlichen Rückschlag hinnehmen mußte – so einen, wie ihn die taktlosen Feinde lieben, um sich über einen lustig zu machen und den Gegner zur Weißglut zu bringen –, es offenbar keinen einzigen Fußballer gab, der ihn auf dem Rasen angesprochen hätte, um aus seiner Gedrücktheit Vorteil zu schlagen. Auch unangenehme Spieler haben das blau-rot-gestreifte Trikot getragen, doch an sie erinnert man zum hundertsten Vereinsjubiläum nur ungern, gerne hingegen etwa an den sympathischen Łobo Carrasco, der wie kein anderer Eckfahnen und Torpfosten austricksen konnte, oder den hochbegabten, aber zerbrechlichen Martí Filosía, der beim ersten Fehler, als käme er frisch aus der Schauspielschule, in tiefe Trauer versank.

In den vergangenen Jahren ist es des öfteren vorgekommen, daß Real Madrid die angestammte Rolle von Barça übernommen hat und umgekehrt: Letztere wurden – ich liste lediglich die Schwächen auf – großmäulig, übermütig, leicht anmaßend und hatten unverschämtes Glück, erstere dagegen wurden unentschlossen, selbstquälerisch, ausweichend, deprimiert, und so verlor die Mannschaft unbegreiflicherweise bei ihrem letzten Spiel auf Teneriffa gleich die zweite Meisterschaft in Folge an Barça. Beim erstenmal ließ der Schiedsrichter ein eindeutiges Tor nicht gelten, das für uns das 3:1 bedeutet hätte (am Ende verloren wir 2:3), und wir, die Opfer eines Fatalismus, wie man ihn sonst nur aus Barcelona kennt, erhoben gegen die Schiedsrichterentscheidung nicht einmal Einspruch. Unterdessen schäumte das vollbesetzte Stadion von Camp Nou über vor Begeisterung und verhöhnte uns, was wohl die niedrigste Stufe der Begeisterung darstellt, die, die kein Gegner je verzeiht. Offengestanden mißfiel mir jener Rollentausch nicht völlig. Entgegen der landläufigen Meinung (allein der Sieg zählt) wage ich zu behaupten, daß – und das sagt jemand, der den Fußball bewundern lernte, als Di Stéfano noch für Madrid spielte und der Verein fünf Europameisterschaften hintereinander gewann – die im Sport verlangte Reihung von Siegen weniger attraktiv und wesentlich langweiliger ist als ein gewisses Maß an Abwechslung zwischen Sieg und Niederlage. Ohne jeden Zweifel weist letztere mehr Falten und Unebenheiten auf, eine größere Komplexität und mehr Stoff für Konflikte, ja man könnte behaupten, sie sei in einer Welt, in der das Entscheidende ein wöchentlicher Ausflug in die Kindheit ist, erwachsener – sie ist eleganter, erinnerungswürdiger. Barça besaß schon immer diese intime Kenntnis der Niederlage, der Drohung, die von ihr ausgeht, und damit auch die Gabe, sie zu verstehen. Ein schöner Trost! würden darauf selbst die poetischsten und phantasiebegabtesten *culés* erwidern. Und doch bin ich mir nahezu sicher, daß selbst noch die schlichtesten Gemüter unter diesen *culés* die Niederlage, die ihre Elf beim Europapokalendspiel in Sevilla gegen Steaua Bukarest wegen eines gehaltenen Elfmeters erlitt, besser in Erinnerung haben als den Sieg, den sie Jahre später im Wembley-Stadion in der Verlängerung gegen Sampdoria Genua errang. Ganz zu schweigen von der 2:3 Niederlage in Bern gegen Benfica Lissabon vor mehr als drei Jahrzehnten, die bei jenen, die sie damals beweinten, noch immer tief in den blauroten Trikots stecken dürfte.

Real Madrid und Barça ähneln sich heute bedenklich; hoffen wir, daß diese Übereinstimmungen nur kurzlebig sind. Jedenfalls feiert ein Jahrhundert verschiedenster Gegnerschaften Geburtstag (besser gesagt, den eigentlichen Geburtstag feiert Barça), und die wahrhaftigste unter diesen Gegnerschaften, die am wenigsten heuchlerische und angepaßte und die einzige leidenschaftliche ist die, welche in anderthalb Stunden auf dem Rasen ausgetragen wird, eben jene, die bei mir zu Hause auf dem Holzfußboden stattfand, repräsentiert durch zwei Kinder, die mit Kronkorken spielten. Jedenfalls ist dies die einzige, die mich interessiert, und ich würde es sehr bedauern, wenn Barça eines Tages in einer tristen katalanischen National-Liga spielte (dann wäre alles noch mehr wie in Holland) und die Geschichte der kämpferischen Begegnungen einen Bruch erführe. Denn für einen spanischen Fußballbegeisterten gibt es nichts, was dem Vergleich mit den beiden Mannschaften standhält, die, stets in ihren besten Trikots, in die Stadien von Chamartín und Camp Nou einlaufen; und jedesmal, wenn der Ball ins Spiel kommt, Angst vor dem anderen haben, wenn er angreift, den gefährlichen, böswilligen Gegner spüren, und sich an dieser Furcht, an der drohenden Niederlage und Katastrophe genauso ergötzen wie an der Aussicht auf unvergeßliche Siege. Was würde aus uns ohne die Möglichkeit dieser Strafe und dieses Siegs, ohne die fürchterliche Ungewißheit? Deshalb, und ich meine es ernst, denn ich sage es aus einem kindlichen Gefühl und aus Egoismus heraus: Lang, lang lebe Barça.

1998

Ich bin nicht der einzige Anhänger, der in der laufenden Saison nur mäßiges Interesse am Fußball zeigt, zum erstenmal vielleicht, seit ich mich ihm mit sieben Jahren zuwandte und meine allererste Bildersammlung anlegte, die später verlorenging und für die ich heute, wenn sie vollständig wäre, ein Vermögen geben würde. Bei uns Jungen war dieses Album mit Sammelbildern unter dem Namen »Die Dickschädel« bekannt, weil der von einem Foto abgemalte Kopf der Spieler wesentlich größer war als der Körper, was sie wie Witzfiguren wirken ließ, mit herausgefallenen und achtlos behandelten Verteidigern neben unseren Idolen. Aus dieser Sammlung erinnere ich mich noch an ganze Mannschaftsaufstellungen (die von Real Madrid, von Barça, von Athletic Bilbao, ebenso wie an die Schwierigkeiten, ein Bild des Mittelstürmers von Atlético Madrid, Mendonça, zu bekommen – in jeder Sammlung gibt es etwas, das besonders schwer zu ergattern ist. Die Schwierigkeiten waren so groß, daß ich auf dem Schulhof, auf dem die Atmosphäre eines Wochenmarktes herrschte, nicht etwa einen Haufen überflüssige »Doppelte« dagegen eintauschen mußte, sondern ein kleines Foto von meiner Tante Tina, die damals ausgesprochen hübsch und beträchtlich jünger war als meine Mutter, oder Mütter im allgemeinen. (Sie hat nie davon erfahren; und ich weiß nicht, ob sie mir heute verzeihen würde, daß ich sie damals gegen einen Angeber aus Mosambik eingetauscht habe.)

Vielleicht also, weil die laufende Saison bisher so langweilig war, lud ich einen Freund aus Deutschland ein, der lange in Frankfurt gelebt hat, um bei mir eine Videoaufzeichnung des fünften Europapokalendspiels anzusehen, bei dem Real Madrid Eintracht Frankfurt mit einem 7:3 aus dem Finale katapultierte, ein unvergeßliches Ergebnis. Der Freund aus Deutschland ist jünger als ich, und so hatte er weder Di Stéfano noch Puskas oder Gento je spielen sehen, und das bescherte ihm mehrere Überraschungen. Zunächst einmal konnte er (trotz der Aufzeichnung in Schwarzweiß, denn dieses Finale fand 1960 statt) feststellen, daß der Unterschied zwischen den technischen Fähigkeiten damals und heute wesentlich geringer war, als er gedacht hatte; wahrscheinlich ließen sich die Mannschaften einfach mehr Raum und hingen sich nicht so sehr auf der Pelle, das war alles. Ein Zweites war, zu erkennen, daß wegen des damaligen Auswechselverbots alle zweiundzwanzig Spieler die neunzig Spielminuten ohne sichtbare Müdigkeit überstanden und dennoch nicht weniger druckvoll spielten, auch wenn der Sieger bereits feststand. Ein Drittes war die Wahrnehmung, wie selten das Spiel unterbrochen wurde: Kaum jemand wurde verletzt oder fiel auch nur zu Boden (der Schiedsrichter pfiff einen Elfmeter für Real Madrid, weil Di Stéfano so leicht geschubst worden war, daß er lediglich aus dem Gleichgewicht geriet und sich nicht etwa auf den Boden warf oder hätte fallen müssen); niemand spielte auf Zeit; wenn der Ball im Aus war, kam er sofort wieder ins Spiel. Die vierte Überraschung waren die seltenen Fouls und das Fehlen von Meckereien und Diskussionen: Die Frankfurter protestierten nicht einmal nach dem ungerechtfertigten Elfmeter. Die fünfte war, mitanzusehen, wie ein Stadion, nämlich das Glasgower, mit einhundertunddreißigtausend Menschen vollgestopft war, die nicht die geringsten Schwierigkeiten machten oder Streit anfingen, ohne daß dafür Schutzwälle, Gräben oder Krokodile notwendig gewesen wären. Die sechste Überraschung war, daß die Spieler bei einem Europapokalfinale ihre Angst, ihre Nervosität, ihre Unsicherheit und den – wie man heute gerne sagt – Druck vollständig in der Kabine gelassen hatten: Denn beide Mannschaften setzten konsequent auf Angriff und ließen keinen Zweifel daran, daß es darum ging, Tore zu schießen, und nicht etwa darum, sie zu verhindern, und sie hatten zu allem Überfluß auch noch Spaß dabei. Di Stéfano, der die Videobilder, die ich aufgenommen hatte, kommentierte, gestand angesichts der zahlreichen Hackentricks und Raffinessen: »Der Trainer wurde gelegentlich nervös und bat mich, mit den Hackentricks aufzuhören, weil ich meine Kameraden damit ansteckte; bei mir wären die Hackentricks ja nicht so schlimm, sagte er, aber wenn die ganze Mannschaft damit anfinge, wäre das glatter Selbstmord; aber was soll's, wir wollten ja auch unseren Spaß haben, oder?« Die siebte Überraschung war, daß damals – vor der Erfindung des Liberos, vor Beckenbauer – selbst die scheinbar rauhbeinigsten und härtesten Verteidiger eine unglaublich gute Technik besaßen, um die sie heute fast alle Spieler, für die Millionen gezahlt werden, beneiden dürften. Marquitos, der rechte Verteidiger, brachte es fertig, einen überaus gefährlichen Ball einen Meter vor dem Tor mit der Hacke zur Ecke zu klären.

Heutzutage würde ihn der Trainer dafür bestrafen; genau wie all die anderen Hackentrickkünstler, Di Stéfano eingeschlossen; Puskas dafür, daß er trotz seiner vier Tore nicht genug lief; Gento dafür, daß er mit all seinen kunstvoll gelupften, getunnelten und mit der Hacke ins Tor gespielten Bällen den Ballbesitz aufs Spiel setzte; alle zusammen dafür, daß sie so offensiv gespielt und bei Fouls keine schweren Verletzungen vortäuschten, dafür, daß sie sich durch allzuviel Laufarbeit müde spielten und, als das Ergebnis schon feststand, noch Verletzungen riskierten; Di Stéfano auch dafür, daß er sich bei dem Foul im Strafraum nicht gleich auf dem Boden wälzte; und selbstverständlich die gesamte Mannschaft dafür, daß sie so erkennbar gewinnen wollte und sich damit über die zur Zeit geltende Devise »Um zu gewinnen, darf man vor allem nicht verlieren« hinwegsetzte. Unsere heutigen Trainer werfen mit solchen Sätzen um sich und kommen sich dabei auch noch großartig vor. Ich weiß nicht, wie die Spieler das ertragen, ohne zu entgegnen: »Wirklich? Tolle Erkenntnis.«

1998

HELIODORO PFEIFT LEISE VOR SICH HIN

Jahre ist es mittlerweile her, daß ich anläßlich der Heldentaten Numancias im spanischen Vereinspokal über die Stadt
Soria geschrieben habe, wo ich manchen Sommer meiner Kindheit verbrachte. Tatsächlich aber hatte ich den Ort zwei Jahrzehnte lang nicht betreten, und der Anlaß für meine heutige
Beschwörung ist, daß ich dorthin zurückgekehrt bin. Die
Schauplätze der Kindheit lösen eine Angst aus, die größer wird,
je länger man nicht an sie zurückkehrt. Man scheut ein Über-
maß an Nostalgie, auch könnte sich der Ort so sehr verändert
haben, daß man jede winzige Abweichung als einen persönlichen Angriff auf die eigene Erinnerung auslegt. Im Juli aber
reiste ich nach Soria, um einen Vortrag zu halten, und obwohl
die Entfernung gar nicht groß ist, reichte sie mir doch aus, den
Bann zu brechen und gleichsam das Gedächtnis wiederzuer-
langen.

Gewiß hat sich in diesen mehr als zwanzig Jahren etwas verändert, aber glücklicherweise ist das Knochengerüst der Stadt,
das, was sie in Wirklichkeit ausmacht, ihr Geist, das, was Latei-
ner mit dem Begriff *genius loci* bezeichnen, unberührt geblieben. In ihrem Kern war sie noch gut zu erkennen, und obwohl
die Seuche, durch welche die Ulmen in ganz Europa ausgerot-
tet wurden, selbst vor dem Musikbaum nicht haltgemacht hat,
jenem Baum, in dessen Krone sich ein Holzpodium mit

Stühlen und Notenständern befand, auf dem eine Kapelle in Uniform ihre Musik spielte (warum eigentlich nicht ein so wunderschönes Bild in einem anderen hundertjährigen Baum wiederaufleben lassen?), so ist zum Ausgleich wenigstens das scheußliche, kolossale Denkmal des aus der Gegend stammenden Generals Yagüe verschwunden – wenn ich mich richtig erinnere, eine Art überlebensgroße Torte aus verschimmelter franquistischer Sahne in Form eines Zwergadlers. Und natürlich überkam mich Nostalgie, aber sie tat es auf eine gutmütige Art, ohne stechende Schmerzen auszulösen; auf jene Art, durch die man sich von seinen entlegenen Erinnerungen nicht etwa verletzt, sondern begleitet fühlt.

Auf einem Spaziergang stellte ich fest, daß das ehemalige Wohnhaus eines der Menschen, für die ich die größte Zuneigung empfunden habe, zu vermieten war, und ich betrat es, um mich darin umzusehen: das Haus von Heliodoro Carpintero, seiner Schwestern und seines Sohns Helio. Wie ich in dem Text *Würde und Anstand* erzählt habe, begann ich in jenem Haus etwas ernsthafter zu schreiben, im Schutz dieser freundlichen Familie, die mich an den zahlreichen Regentagen aufnahm und der ich zu tiefstem Dank verpflichtet bin. Heliodoro wurde 1900 geboren und war für die Inspektion von Schulen zuständig; gebürtig aus Alicante, war er nach dem Bürgerkrieg vor den franquistischen Vergeltungsmaßnahmen nach Soria geflohen, denn er hatte seinen Beruf zur Zeit der Republik in Barcelona ausgeübt, wo er geheiratet hatte und auch sein Sohn zur Welt gekommen war, und wo er bald darauf zum Witwer wurde und sein Sohn zur Waise. Manchmal glaube ich, daß Soria, anders als manch andere Stadt in Kastilien, vor allem deshalb nur am Rande vom Faschismus betroffen war, weil es »Verbannte«, zahlreiche wohlerzogene, tolerante und gebildete Menschen dorthin verschlug, die keinerlei moralisch anrüchige Ambitionen hatten. Der Franquismus muß diese Stadt, so klein und eisig, wie sie war, für sein ganz persönliches Sibirien gehalten haben. Es war nicht zu ihrem Schaden.

Heliodoro war von ansprechender Statur, er rauchte gerne Pfeife und pfiff leise vor sich hin. Ein wenig rundlich, ohne wirklich dick zu sein, besaß er den liebenswertesten Sinn für Humor und die größte Geduld, die ich je an einem Menschen kennengelernt habe. Er besaß die Gabe und das Glück, das Leben nüchtern zu betrachten, was dazu beitrug, daß alles, was er anfaßte oder was ihn umgab, eine großartige Reinheit besaß: seine Bibliothek, sein Wohnhaus, seine elegante Kleidung, seine freundliche und ruhige, von sanftem Spott durchdrungene Art zu reden, seine bedächtigen Schriften (er beschäftigte sich mit Machado und Bécquer, mit Azorín und Miró). Ich erinnere mich heute daran, daß er in ein paar Schubladen fein säuberlich geordnet Tausende von ausgeschnittenen Filmbesprechungen aufbewahrte – er war so großzügig, uns Kinder darin herumstöbern und nach Dingen suchen zu lassen –, um sie später zur Hand zu haben und sich informieren zu können, wenn diese Filme mit einiger Verzögerung in einem der drei Kinos von Soria liefen. In einer anderen, geheimnisvolleren Schublade bewahrte er seine Sammlung von Pfeifen in unzähligen Größen, Farben, Materialien und Formen auf; und in jeder davon konnte man ihn wiedererkennen, wie er ganz selbstverständlich auf ihr herumkaute, mit seinem unablässigen Lächeln und seinem gelassenen, leisen Pfeifen. Bei ihm zuhause las ich zahllose Autoren, die heute kaum noch jemandem ein Begriff sind, die mit meiner Liebe zur Literatur aber sehr viel zu tun haben: Erckmann-Chatrian etwa, Paul Féval, Pierre Benoit, die Baronin Orczy und Ladoucette, Käpt'n Mayne Reid und John Meade Falkner. Er ließ uns die Bücher immer in Folie einschlagen, wenn wir sie lasen, mit jener heute verschwundenen Ehrfurcht vor leblosen Gegenständen, die trotz allem voller Liebe und Haß, voller Sehnsucht und Furcht, voller Geschichte und Leben sind. Ein Jahr lang lebte er zusammen mit meiner Familie in New Haven, Connecticut. Ich war vier und ging in Amerika nicht zur Schule. Und so war es in der Tat Heliodoro, der mir in seinen freien Stunden Lesen und Schreiben beibrachte und zweifellos in gutmütiges Gelächter ausbrach, wenn ich, dessen Linkshändertum so ausgeprägt war, daß ich von rechts nach links schrieb, voller Stolz mit REIVAJ unterschrieb, und der mir also beibrachte, allgemeinverständlich zu schreiben, wenn ich das denn tue. Ich verdanke ihm viel. Ich verdanke ihm so viel, daß ich jetzt vielleicht sein geliebtes, leerstehendes Haus mieten sollte.

1999

Originalausgabe

Klett-Cotta

© Javier Marías 2000

Für die deutsche Ausgabe

© J. G. Cotta'sche Buchhandlung Nachfolger GmbH, gegr. 1659,

Stuttgart 2000

Fotomechanische Wiedergabe nur mit Genehmigung des Verlags

Printed in Germany

Schutzumschlag und Gestaltung: Finken & Bumiller, Stuttgart

Gesetzt in der 10 Punkt Quadraat

Auf säure- und holzfreiem Werkdruckpapier gedruckt

und gebunden von Clausen & Bosse, Leck

ISBN 3-608-93554-1

Dritte Auflage, 2000

Die Texte sind folgenden Sammelbänden entnommen:

VIDA DEL FANTASMA, Madrid 1995: Die wiedergewonnene Kindheit *(La recuperación semanal de la infancia)*, Oase *(Oasis)*, Sie müßten uns hassen *(¿Por qué no nos odian?)*, Herzen so weiß *(Corazones tan blancos)*, Löwen in Chamberí *(Leones en Chamberí)*, Schurken *(Felones)*, Torjubel *(La celebración)*, Nationalhymnen *(Los himnos)*, Die Tränen eines dicken Helden *(La gracia y el tiro)*, The Wild Bunch *(Grupos salvajes)*.

MANO DE SOMBRA, Madrid 1997: Oh, ah, Cantona *(Oh, ah, Cantona)*, Tödliche Atmosphäre *(El ambiente mortal)*, Die Liebe der Dichter *(Letras de fútbol)*, Würde und Anstand *(Dignidad y decoro)*.

SERÉ AMADO CUANDO FALTE, Madrid 1999: Mein Klub für immer *(Lo inmutable)*, Lebendige Erinnerung *(Memoria personal y viva)*, Sie sind gar nichts *(No son nada)*, Real Madrid Republicano *(Real Madrid Republicano)*, Wozu Bücher gut sein können *(De algo pueden servir los libros)*, Die Herzen von Gehaltsempfängern *(Trasvase o estafa)*.

Hamlet und Macbeth zugleich *(El equipo más dramático)* ist das Vorwort von CIEN AÑOS AZULGRANA (Madrid 1998), einer Sammlung von Interviews zum hundertjährigen Bestehen des 1. FC-Barcelona.

Die übrigen neun Texte wurden in Zeitungen und Zeitschriften abgedruckt.

Literatur bei Klett-Cotta

Emmanuèle Bernheim:
Der rote Rock

Roman. Aus dem Französischen von Verena Nolte
110 Seiten, gebunden, ISBN 3-608-93453-7

»Idylle mögen andere beschreiben, Emmanuèle Bernheim liebt
die dunkle Seite der Liebe. Ihre Figuren sind moderne
Großstadtmenschen, innerlich ungebunden, wenn vielleicht auch
äußerlich in der Konvention gefangen. Sie spielen ein uraltes
Spiel, das heißt Verführung. Sie handeln berechnend, und sie
beobachten sich scheinbar distanziert dabei. Ihr amouröses
Szenario ist aufregend, ihre Sprache an der knappen Direktheit
von Marguerite Duras geschult, ihre kurzen Sätze treffen
manchmal wie Peitschenhiebe.«
Stuttgarter Zeitung

Javier Marías:
Mein Herz so weiß

Roman. Aus dem Spanischen von Elke Wehr
364 Seiten, gebunden, ISBN 3-608-93386-7

Teresa und Ranz, eben von der Hochzeitsreise zurückgekehrt,
sitzen mit der Familie der Braut bei Tisch. Unvermutet steht die
junge Frau auf, geht ins Bad und schießt sich ins Herz.
Mit diesem dramatischen Auftakt beginnt Javier Marías'
raffiniert inszenierter Roman über Liebe und Ehe, über Treue und
Schwüre.

»... Ebendarin liegt die Entzauberung, die Javier Marías in seinem
grandiosen Roman vornimmt: Er hebt den Mechanismus von
Schuld und Bekenntnis auf, weil er nicht daran glaubt, daß
Geständnisse die Welt besser machen – nicht den Mörder, aber
auch nicht seinen weltlichen Beichtvater.«
Paul Ingendaay / Frankfurter Allgemeine Zeitung

Klett-Cotta